教育部人文社会科学研究青年基金项目:"基于'一带一路'倡议的中国出版贸易增长潜力及实现路径研究"(项目号:17YJC860021)成果

中国出版国际贸易增长潜力研究

以"一带一路"为背景

王大可◎著

Growth potential for
China's Publishing Trade
under the Background of the Belt and Road Initiative

上海交通大学出版社
SHANGHAI JIAO TONG UNIVERSITY PRESS

内容提要

出版物是人类文明传承、文化交流的载体,出版贸易不仅具有经济价值,更以自身独特的存在形式,真实地构成了"不同文明互学互鉴的桥梁"。本书在"一带一路"建设"提质增效"的崭新阶段,回顾"一带一路"主题出版的基本状况,透视中国出版国际贸易的基本格局,分析中国与"一带一路"国家出版贸易的演进态势,研判"一带一路"出版贸易的潜力空间,并在这些分析的基础上,构建相应的实现路径。

本书有助于政府部门和出版行业企业准确把握沿线国家市场动态,制定出版贸易发展规划,进而增强"一带一路"国际文化交流与合作的有效性,提升国家文化软实力。

图书在版编目(CIP)数据

中国出版国际贸易增长潜力研究:以"一带一路"为背景/ 王大可著. —上海:上海交通大学出版社,2022.7

ISBN 978 - 7 - 313 - 22527 - 6

Ⅰ.①中… Ⅱ.①王… Ⅲ.①出版业-国际贸易-贸易增长-研究-中国 Ⅳ.①G239.2

中国版本图书馆 CIP 数据核字(2019)第 297779 号

中国出版国际贸易增长潜力研究
——以"一带一路"为背景
ZHONGGUO CHUBAN GUOJI MAOYI ZENGZHANG QIANLI YANJIU
——YI "YIDAI YILU" WEI BEIJING

著　　者:王大可
出版发行:上海交通大学出版社　　　　　　地　　址:上海市番禺路 951 号
邮政编码:200030　　　　　　　　　　　　电　　话:021 - 64071208
印　　制:上海天地海设计印刷有限公司　　经　　销:全国新华书店
开　　本:710 mm×1000 mm　1/16　　　　印　　张:12.75
字　　数:194 千字
版　　次:2022 年 7 月第 1 版　　　　　　　印　　次:2022 年 7 月第 1 次印刷
书　　号:ISBN 978 - 7 - 313 - 22527 - 6
定　　价:58.00 元

前　言
Foreword

1990 年，美国著名政治学家、哈佛大学名誉教授约瑟夫·奈在一本关于美国未来实力和国际竞争力的著作中，首次提出"软实力"的概念。在约瑟夫·奈看来，除了传统意义上的经济或军事实力，软实力对维护和发展一个国家的世界影响力也十分重要。正如沃尔特·李普曼在《公共舆论》中的著名论断"当代意义最为重大的革命不是经济革命或是政治革命，而是一场在被统治者中制造同意的艺术的革命"，[①]"软实力"正是依靠"文化""政治价值观""外交政策"以及其中所承载的"共同价值观所产生的吸引力"，[②]在潜移默化中影响并塑造他国民众的意识形态。

虽然约瑟夫·奈的"软实力"理论具有鲜明的维护美国世界霸权的动机，始终坚持"把美国的核心价值观

[①]　沃尔特·李普曼. 公共舆论 [M]. 闫克文，江红，译. 上海：上海人民出版社，2002：378.
[②]　约瑟夫·奈. 软实力 [M]. 马娟娟，译. 北京：中信出版社，2013：11，15.

当成全世界的普遍价值观"① 的基本立场，因此也就必然存在"强分硬软"
"正邪不分""对个人魅力和历史资源重视不够"② 等方面的内在不足，但
该理论对软性力量在国际竞争格局中的关键作用的阐发，仍然备受世界各
国重视。

　　从中国的情况来说，2002 年以来，中国知网（CNKI）收录的标题含
有"软实力"的论文数量超过两万篇（检索日期为 2021 年 11 月 30 日），
可见中国学术界在"软实力"相关问题研究上投入的精力和热情。此
外，21 世纪以来，社会主义文化体制改革、国家传播能力建设、中国文化
"走出去"等工程的实施，加强和提升国家软实力建设，还在事实上成为
一项重要的国家战略，党的十七大、十八大、十九大报告都提出了推动社
会主义文化大发展大繁荣、建设主义文化强国、提高国家文化软实力的重
要目标。

　　"出版是文化传播的主要载体，也是一个国家文化软实力的突出体
现。"③ 在当今世界，文化软实力强国几乎无一例外都是图书出版强国。譬
如，英国虽然在世界英语出版市场上面临美国的竞争和欧盟其他国家的压
力，仍积极利用历史上全球扩张开辟的广阔市场空间，通过促进"出版公
司的跨国发展"、发挥文化输出机构的作用，"在世界巩固英国文化的影
响"，积极打造出版贸易强国。④ 而根据约翰·B. 亨奇等人对美国图书推
广计划的研究，第二次世界大战以来，作为"思想战争的武器"和"最持
久的宣传工具"，图书更是在美国全球文化霸权建立过程中发挥了重要的
作用。⑤

　　21 世纪以来，党和政府大力推动中国出版"走出去"。2003 年，《关

---

　　① 杨生平. 当前中国国际文化软实力构建的三个层面：从约瑟夫·奈软实力思想谈起 [J].
红旗文稿，2012 (14)：23 - 25.
　　② 叶自成，陈昌煦. 从美国"软实力"到中国"柔实力"：约瑟夫·奈软实力理论评析 [J].
国际观察，2015 (2)：54 - 70.
　　③ 廖建军，雷鸣，蔡彬. 从文化软实力角度看出版"走出去"战略 [J]. 出版发行研
究，2010 (2)：5 - 9.
　　④ 肖东发，张文彦，于文，李武. 借鉴国外出版创新经验，提升我国文化软实力（一）：英
国出版创新与文化软实力 [J]. 编辑学刊，2012 (2)：6 - 11.
　　⑤ 约翰·B. 亨奇. 作为武器的图书：二战时期以全球市场为目标的宣传、出版与较量 [M].
蓝胤淇，译. 北京：商务印书馆，2016：65, 67.

于文化体制改革试点工作的意见》做出了"积极实施走出去战略,大力开拓文化产品的国际市场"的决策部署。同年,国家新闻出版总署在全国新闻出版局长会议上,首次明确提出要加快新闻出版业走出去。2011年,国家有关部门专门制定推出了新闻出版业的"走出去"的发展规划,即《新闻出版业"十二五"时期发展规划》。2012年,国家新闻出版总署印发的《关于加快我国新闻出版业走出去的若干意见》从宏观布局、版权"走出去"、数字出版产品"走出去"、实物产品"走出去"、企业和资本"走出去"等方面初步构建了我国新闻出版"走出去"的系统格局。①

得益于这些政策的实施,中国出版的国际竞争力显著增强,中国出版"走出去"的步伐不断加快。仅2012至2016年间,"我国图书版权输出总量达18.9%,累计输出图书版权近4万种,图书进入80余个国家和地区;版权贸易逆差从2012年的1:2.20缩小到2016年的1:1.75,呈逐年下降趋势"。② 根据联合国贸易和发展会议统计数据,在全球200多个国家和地区中,中国大陆出版产品的出口额位居世界第四,2002年至2015年间出口额增长幅度远远超过德国、美国、英国等传统出版强国。③

近年来,得益于"一带一路"倡议的实施,中国出版"走出去"的结构进一步优化。初步研究表明,自"一带一路"倡议提出以来,"中国与'一带一路'沿线国家版权贸易量保持高速增长,年均增幅20%,占中国版权贸易总量的比重由2014年的5%提高到2016年的15%"。④ "2017年我国出版物面向周边国家和'一带一路'沿线国家版权输出数量近4500种,占我国出版物版权输出总数的三分之一还多,涉及近50个丝路国家和地区。"⑤

"一带一路"沿线国家和地区不仅"聚集了全球最大比例的年轻人

① 周蔚华,杨石华. 中国出版对外交流与国际合作40年 [J]. 中国出版,2018 (20):19-26.

② 田红媛. "走出去"全方位提升文化软实力 [N]. 中国出版传媒商报,2017-10-24 (1).

③ 徐淑云. "一带一路"背景下我国出版产业国际竞争力评价及对策研究 [J]. 中国记者,2018 (9):44-48.

④ 徐淑云. "一带一路"背景下我国出版产业国际竞争力评价及对策研究 [J]. 中国记者,2018 (9):44-48.

⑤ 范军. 我国出版走出去的六大新变化 [N]. 学习时报,2019-1-25 (6).

口",还是"全球中产阶级消费人群增长最快的区域",① 而这部分人恰恰才是出版消费的主要群体。因此,不难看出,与出版贸易在"一带一路"文化交流和民心相通建设中的重要作用,以及"一带一路"沿线国家和地区的巨大消费空间比,中国出版"走出去"仍有相当大的提升空间。

从"一带一路"倡议提出之日起,促进文化交流与合作就是该倡议的重要目标。2015 年,外交部、商务部等中央部委联合发布的《推动共建丝绸之路经济带和 21 世纪海上丝绸之路的愿景与行动》提出要"增加沿线各国人民的人文交流与文明互鉴"。2016 年,《文化部"一带一路"文化发展行动计划(2016—2020)》提出要大力拓展"'一带一路'文化贸易合作""形成文化交流、文化传播、文化贸易协调发展态势"。2019 年,国家主席习近平在第二届"一带一路"国际合作高峰论坛上的讲话进一步强调,"积极架设不同文明互学互鉴的桥梁"。

出版物是人类文明传承、文化交流的载体,就此而言,出版贸易不仅具有经济价值,更以自身独特的存在形式,真实地构成了"不同文明互学互鉴的桥梁"。也正因为此,在"一带一路"建设"提质增效"的崭新阶段,透视中国出版国际贸易的基本格局,分析中国与"一带一路"国家出版贸易的演进态势,研判"一带一路"出版贸易的潜力空间,并在这些分析的基础上,构建可能的实现路径,将有助于政府部门和出版企业准确把握沿线国家市场动态,制定出版贸易发展规划,进而增强"一带一路"国际文化交流与合作的有效性,提升国家文化软实力。

---

① 谢清风."一带一路"倡议与提高中国出版国际竞争力分析 [J]. 科技与出版,2018 (1):20 - 25.

目　录
Contents

第一章

"一带一路"倡议研究的趋势与前景

习近平总书记在"一带一路"建设工作五周年座谈会上指出，推动共建"一带一路"向高质量发展转变，是推进"一带一路"建设的迫切需求。推动共建"一带一路"向高质量发展转变，不仅需要政府和企业进一步加强与沿线国家和地区发展战略的对接，提高"一带一路"建设项目的质量与成效，还需要学术界加强对"一带一路"倡议的理论与实践研究，"为'一带一路'行稳致远提供学理支撑，把握前进航向"。[①] 自"一带一路"倡议提出以来，国内学术界围绕"一带一路"倡议的内涵、重点、意义及风险应对等议题，开展了丰富的研究，为"一带一路"建设的顺利推进提供了必要的学术支撑。[②] 本研究试图借助文本计量、共词聚类等研究方法，实证分析"一带一路"研究的演进脉络，并在系统梳理既有研究的基础上，对标"一带一路"建设战略需要，分析指出"一带一路"研究的拓展空间。

第一节　数据来源与研究方法

一、数据来源

本节研究以 CNKI 学术期刊数据库为数据来源，通过 Python 爬虫软件抓

---

① 张耀军. 为一带一路高质量发展提供学理支撑 [N]. 中国社会科学报，2018-11-20 (1).
② 王大可. 中国出版助力"一带一路"的趋势与对策研究 [J]. 科技与出版，2016 (10)：22-26.

取了 2014 年至 2018 年间（抓取日期为 2018 年 11 月 1 日）主题为"一带一路"的核心期刊、CSSCI 期刊及 CSCD 期刊论文，论文数量计 9 305 篇，抓取的信息主要包括论文发表时间、作者、作者所在机构、关键词及摘要等。

二、研究方法

文献计量分析。文献计量法以科技文献的外部特征作为研究对象，采用数学与统计学方法来描述、评价和预测科学技术现状与发展趋势。本研究将从发表时间、作者、内容分布、机构分布等方面定量描述"一带一路"研究整体态势。

关键词共词、聚类分析。根据高频词的筛选结果，本研究使用了词频不低于 20 的 45 个关键词来构建 45×45 的共词矩阵，再用反映关键词之间的联系程度 Ochiia 系数方法将之转化为相关矩阵。以共词矩阵为基础，聚类分析可以通过计算不同关键字之间的距离，将高频关键字集群分类，精确划分为一定数量的话题，从而找出"一带一路"主题下的主要话题群。

可视化分析。在共词矩阵、聚类分析中，本研究还采用 UCINET 软件，绘制可视化的"一带一路"主题论文语义网络图，更为直观地呈现不同关键词的影响力大小和关键词之间的联系。

第二节　"一带一路"研究演进脉络

一、时序特征

早在 2013 年，国家主席习近平就在外出访问期间发起了共建"丝绸之路经济带"和"21 世纪海上丝绸之路"的倡议，而在 2014 年 4 月召开的博鳌亚洲论坛年会上，丝绸之路复兴已成为中外政要关注的热点，但在此期间，有关"一带一路"主题的论文数量极为有限。直到 2015 年，国家发展改革委员会、外交部、商务部联合发布了《推动共建丝绸之路经济带和 21 世纪海上丝绸之路的愿景与行动》，"一带一路"研究才成为国内学术界关注的焦点。经统计，2015 年全国核心期刊共发表"一带一路"论文 1 284 篇，是 2014 年论文数量的 26 倍。随后几年，"一带一路"主题论文发表数量保持旺盛的增长势头，2016 和 2017 年的论文数量同比增幅分别高达 55％和 98.6％。截至 2018 年 10 月，CNKI 收录的"一带一路"核心期刊论文已高达 2 621 篇（见图 1-1）。

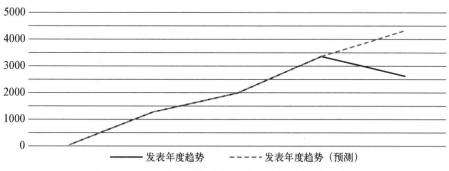

图 1-1　"一带一路"主题论文年度发表趋势示意图

二、作者与机构

在 2014 至 2018 年间，发表 6 篇以上"一带一路"主题论文的作者有 40 位，发表 10 篇以上的有 9 位。其中，中国人民大学从事国际关系研究的王义桅教授发文数量最多，高达 23 篇，他的论文主要聚焦于"一带一路"国际影响力及国际话语权等问题，如他撰写了一系列论文讨论日本、欧盟、美国等对"一带一路"倡议的认知与评价，探讨深化中国与这些国家和地区合作的可能性。发表论文数量最多的 9 位作者，有 3 位来自中国人民大学，学科背景各不相同，这充分体现出中国人民大学在人文社科领域深厚的学科积累（见表 1-1）。

在 5 年时间里，35 家机构发表"一带一路"主题论文数量超过 50 篇，其中绝大多数是"双一流"建设高校。发表论文数量排在前三位的高校为中国人民大学、对外经济贸易大学和北京大学，论文数量分别为 262 篇、167 篇和 149 篇。中国人民大学和北京大学的上榜，体现了两校在人文社科及政策研究方向上的强劲实力，而作为在国际经济贸易研究中的

表 1 - 1　发表"一带一路"主题论文数量较多的作者

序号	作者	所在机构	数量（篇）	序号	作者	所在机构	数量（篇）
1	王义桅	中国人民大学	23	6	王　文	中国人民大学	10
2	王娟娟	兰州财经大学	16	7	柳建文	南开大学	10
3	刘卫东	中国科学院	15	8	孙久文	中国人民大学	10
4	陈文玲	中国国际经济交流中心	11	9	陈　健	同济大学	10
5	严暄暄	湖南中医药大学	10				

"一流高校"，对外经济贸易大学的上榜则多少体现出跨国经贸合作在"一带一路"倡议整体布局中的战略地位。此外，中国科学院地理科学与资源研究所、中国社会科学院亚太与全球战略研究所、中国国际经济交流中心、中国社会科学院世界经济与政治研究所、中国商务部国际贸易经济合作研究中心等科研院所也分别以 82 篇、64 篇、62 篇、60 篇和 60 篇的发文数量，排在全国前列，这些机构的研究人员数量相对较少，他们的上榜更能体现出所在机构在区域规划、经济地理、国际关系、国际贸易等与"一带一路"有关的学术领域中深厚的研究积累（见图 1 - 2）。

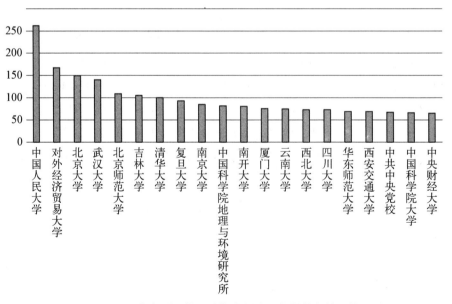

图 1 - 2　发表"一带一路"主题论文数量较多的机构

三、资助来源

在当代中国的语境中，科学基金扮演着引导科学研究、促进学术进步的重要角色。据统计，"一带一路"主题论文明确标注的基金项目共39项，其中国家社会科学基金和国家自然科学基金资助发表的论文数量最多，分别达1 428篇和416篇（见表1-2），充分体现出这两个国家级基金在"一带一路"倡议等国家战略研究中的引导力。

表1-2 "一带一路"主题论文资助来源（一）

序 号	资 助 来 源	文章数量（篇）
1	国家社会科学基金	1 428
2	国家自然科学基金	416
3	中国博士后科学基金	78
4	长江学者奖励计划	35
5	河南省软科学研究计划	30

从科研基金资助级别上看，国家与中央部委资助的项目数占绝对主导地位，远远超过所有省级基金项目的总和。在所有省级项目基金中，江苏、陕西、河南的项目最多（见表1-3），既充分展现了相关省份在"一带一路"研究方面雄厚的科研储备，也可看出这些省份作为"一带一路"的国内节点，其科研主管部门主动设置议题，引导学术界聚焦国家战略，开展前沿研究的突出成绩。

表1-3 "一带一路"主题论文资助来源（二）

序 号	资 助 来 源	文章数量（篇）
1	国家级、中央部委项目	2 094
2	江苏省基金项目	43
3	陕西省基金项目	32
4	河南省基金项目	30

（续表）

序　号	资　助　来　源	文章数量（篇）
5	广东省基金项目	17
6	甘肃省基金项目	17
7	浙江省基金项目	15
8	山东省项目基金	14
9	上海市项目基金	12
10	新疆维吾尔自治区项目基金	7

第三节　"一带一路"研究语义网络

本节研究统计了"一带一路"主题论文的关键词，其中除了"一带一路"（及"一带一路"战略等）之外的高频关键词（频次不低于20）如表1－4所示：

表1－4　"一带一路"主题论文高频关键词

序号	关　键　词	词频	序号	关　键　词	词频
1	机遇	175	12	全球治理	37
2	中国	149	13	民族地区	35
3	对策	140	14	文化交流	34
4	人才培养	130	15	国际产能合作	33
5	丝绸之路	74	16	企业、转型升级	32
6	互联互通	66	17	海外投资	31
7	高等教育	56	18	基础设施建设	31
8	经贸合作	50	19	人类命运共同体	29
9	文化产业	45	20	法律风险	28
10	对外投资、高职院校	43	21	高校	27
11	对外传播、能源合作、全球化	38	22	教学改革、金融合作、经济增长	25

（续表）

序号	关　键　词	词频	序号	关　键　词	词频
23	出口贸易、自贸区	24	26	新常态	22
24	茶文化、旅游、路径选择、少数民族	23	27	产业升级、国家形象、可持续发展、政治风险	21
25	贸易便利化、新常态	22			

考虑到高频关键词只能展现研究热点，而不能展现不同研究热点间的关系，本研究还根据高频关键词，构建了共词矩阵，统计高频词两两之间在同一篇文献中的共现次数，以此反映不同关键词之间的内在联系（见表1-5）。

表1-5　"一带一路"主题论文高频词共词矩阵

高频词	合作共赢	互联互通	机遇	基础设施建设	"一带一路"	"一带一路"战略
合作共赢	1	0.868 2	0	0	0.612 2	0.917 5
互联互通	0.868 2	1	9.934 8	0.221 8	0.888 9	0.111 1
机遇	0	0.934 8	1	0	0.146 8	0.341 2
基础设施建设	0	0.221 8	0	1	0.514 1	0.736 9
"一带一路"	0.612 2	0.888 9	0.146 8	0.514 1	1	0
"一带一路"战略	0.917 5	0.111 1	0.341 2	0.736 9	0	1

与此同时，为便于观察共词矩阵的结果，本研究运用社会网络分析软件（UCINET），绘制了高频关键词网络图谱。社会网络分析是以多个关键词为中心点，两两联结的关系图。关键词的中心度越高、与其他关键词连线越密集，说明与其他关键词联结越多、越紧密，该词可能是核心词汇，处于主导地位（见图1-3）。从高频关键词网络图谱可以看出，学术界关于"一带一路"的研究，主要具有三方面的特征。

首先，从"对策""路径选择""机遇"等关键词在网络图谱中的关键位置，可以看出，当前学术界关于"一带一路"的研究主要是应用取向的。这些研究往往聚焦于"一带一路"推进过程中十分现实的具体问题，

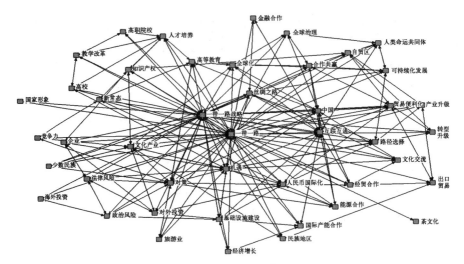

图 1-3　"一带一路"主题论文高频关键词网络图谱

如《"一带一路"背景下中印医药产业合作：机遇、挑战与路径》，通过剖析"一带一路"倡议给这些问题的解决带来的机遇，进而构建具体的策略和路径。

其次，从理念上说，促进合作共赢、互联互通也是"一带一路"基本的研究取向。作为一场重塑全球经济的地理革命，"一带一路"倡议最大的特点，就是以"开放包容""平等主义"和"共赢主义"为出发点，构建互利共赢的国际政治经济新秩序。[①] 在高频关键词网络图谱中，"合作共赢""互联互通""经贸合作"等关键词位于关键位置，这体现了研究者们对"一带一路"这一理念的认同及回应。

最后，从高频关键词网络图谱中，还可以看出，当前，国内学术界更倾向于在全球化、国际化的研究框架下探讨"一带一路"倡议涉及的理论与实践问题。比如说，"一带一路"倡议的顺利推行与人民币国际化程度的提升起着相互支撑的作用，相当多的研究者围绕人民币国际化影响因素、跨境贸易人民币结算业务的地区差异等问题做了相当深入的讨论，从而导致"人民币国际化"议题成为"一带一路"研究语义网络的一个关键热点。

① 胡鞍钢. 重塑中国经济地理 [J]. 经济地理，2015，35（12）：1-10.

第四节 "一带一路"研究主题聚类

本节研究用反映关键词之间的联系程度 Ochiia 系数方法，将上述共词矩阵转化为相关矩阵。通过把相关矩阵导入 SPSS（统计产品与服务解决方案软件）中，选择组内联结作为聚类度量方法，选择平方欧氏距离为个体变量距离测度方法，得到"一带一路"高频关键词的聚类系数表和聚类树状图。在阈值约为 15 的位置划分类团，可以得到 9 个热点研究领域（见图 1-4）。从聚类图可以看出，学术界关于"一带一路"的研究大致可以分为九个板块。

板块一："一带一路"人才培养机制研究。"人才是'一带一路'建设的支点和关键"。[①]"一带一路"倡议给沿线国家地区经济发展带来了机遇，但基础设施建设、对外贸易以及金融资本运作等领域的人才需求缺口仍是制约"一带一路"倡议顺利推进的关键因素，学者们围绕"一带一路"国际化人才培养、"一带一路"技能型人才培养、"一带一路"背景下中国工程教育的创新发展等问题进行了充分的研究探讨。

板块二："一带一路"国际经济合作研究。"迄今为止，'一带一路'倡议的所有内容，从本质上说，都是为了加强国际合作"，因此，"一带一路"经济学研究首先应该以"一带一路"沿线国家的经济合作为研究对象。[②] 与这一判断类似，围绕"经济增长""人民币国际化""对外投资""互联互通"等关键词，研究者较多地讨论了"一带一路"背景下区域经济新格局、全球经济治理合作、经济发展与基础设施建设等问题，剖析了"一带一路"促进国内外区域经济再平衡的机理和路径。

板块三："一带一路"文化交流研究。建设"一带一路""坚持文化先行"，文化交流与合作具有促进"一带一路"民心相通的重要功能，学术界围绕"一带一路"文化交流、文明传承等问题也做了不少探讨，比如隗

[①] 周谷平. "一带一路"战略的人才支撑与教育路径 [J]. 教育研究，2015，36 (10)：4-9，22.

[②] 王泽润. "一带一路"经济学研究对象的理论探讨 [J]. 西北大学学报（哲学社会科学版），2017，47 (4)：20-25.

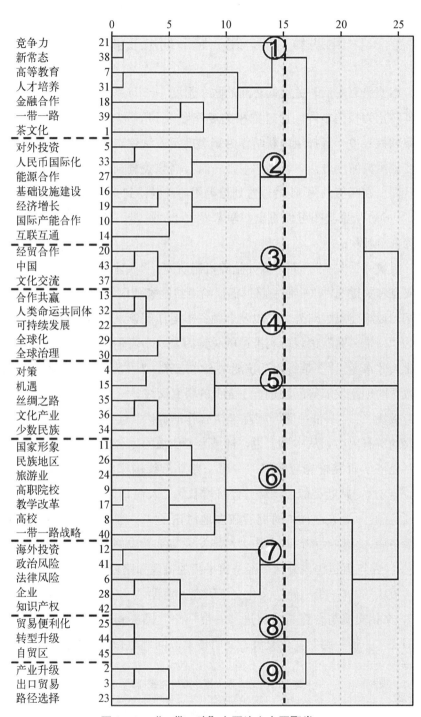

图 1-4 "一带一路"主题论文主题聚类

斌贤从加快文化传播基础设置和产业平台建设、丰富文化传播与交流合作的内涵形式、推动文化传播品牌建设以及打造中国特色的话语体系等方面构建，提出了促进"一带一路"文化交流的策略和路径。①

板块四："一带一路"与全球治理研究。作为"中国发展型世界秩序观的现实产物"，②"一带一路"倡议是我国提出的促进全球政治经济秩序有序转型的"中国方案"。围绕"人类命运共同体""全球化""全球治理"等关键词，研究者们基于可持续发展的视角，积极探讨了推进"一带一路"建设的政策取向，提出把"一带一路"打造成开放的、涉及多国的区域合作机制，在实现人类命运共同体过程中，提高全球治理水平的设想。

板块五："一带一路"与民族地区发展研究。"一带一路"途经多个民族地区，它们大都是"一带一路"的重要门户和关键节点，如何利用"一带一路"重大机遇，促进民族地区发展，是关系到民族地区稳定、发展和"一带一路"建设顺利推进的重要问题。在此背景下，研究者围绕"少数民族""丝绸之路""机遇""对策"等关键词，较多地探讨"一带一路"给民族地区发展带来的机遇、少数民族文化商品如何通过"一带一路"走出去，以及西北地区如何发挥自身优势，促进中国与中亚、西亚各国沟通与互信等方面的问题。

板块六："一带一路"与中国形象塑造研究。"一带一路"是党中央统筹国内外大局提出的重大举措，也是"中国国家品牌形象构建的重要之举"，③如何抓住"一带一路"宝贵契机，在国际舞台上塑造有影响力、亲和力的负责任大国形象，也是"一带一路"研究的热点话题。比如，有研究者基于孔子学院国际媒体影响力的分析，提出了加速汉语全球传播、提升中国文化与中国形象国际影响力的策略和路径。

板块七："一带一路"建设风险应对研究。"一带一路"沿线风险种类繁多，既包括法律风险、政治风险、经济风险、环境风险、宗教风险等宏

---

① 隗斌贤."一带一路"背景下文化传播与交流合作战略及其对策［J］.浙江学刊，2016（2）：214－219.

② 王林兵.世界秩序变革中的"中国方案"［J］.科学社会主义，2018（5）：71－77.

③ 段淳林."一带一路"国家品牌形象传播与主题模型计算的实证研究［J］.现代传播（中国传媒大学学报），2018，40（1）：64－69.

观风险，也包括投资风险、运营风险、财务风险等微观风险，针对这些风险，做好充分的预案，是"一带一路"建设的重点与难点问题。针对"一带一路"建设中的风险应对，学术界从风险防范机制、区域及国别风险评估、地缘政治风险及应对等方面展开了丰富的讨论。

板块八："一带一路"贸易便利化问题研究。该主题围绕"贸易便利化""转型升级""自贸区"等关键词展开。有研究者认为，推进落实"一带一路"，较为可行的途径是建设高标准的自贸区网络，为沿线国家经贸往来提供更便捷高效的环境条件。还有一些研究者探讨建构了评价贸易投资便利化水平的综合指标体系，对"一带一路"国家和地区的贸易便利化水平进行了实证测算。

板块九："一带一路"与产业升级研究。"一带一路"是"新时代开放经济条件下我国产业结构升级的重要动力"。[①]"一带一路"沿线国家和地区众多，不同国家和地区经济发展水平与资源禀赋结构差异较大，为不同国家的优势互补、为促进我国产业升级转型提供了有利条件。围绕这一主题，学术界较多讨论了出口贸易与中国产业结构升级的关系、"一带一路"沿线国家产业协同转型、"一带一路"产业升级机制创新等问题，得出了通过促进产业结构优化升级，"构建国家价值链和中国主导的全球价值链，使中国经济深度参与国际经济，提升中国经济竞争力"[②]等结论。

第五节　"一带一路"研究反思与讨论

习近平总书记曾勉励中国科研工作者把论文写在祖国大地上。作为一项规模宏阔的国家倡议，"一带一路"建设既给不同学科背景的研究者提出了鲜活的研究命题，也对研究者们发挥专业特长，服务国家战略提出了更高的要求。总体而言，在"一带一路"建设的第一个五年，国内学术界

---

① 张健丰. 产业升级要主动对接"一带一路"[J]. 人民论坛，2018（30）：90-91.
② 张良悦. "一带一路"与中国经济发展 [J]. 经济学家，2015（11）：51-58.

从不同学科视角出发，围绕"一带一路"建设的重点与路径，做了不少有益的探讨。然而，与"一带一路"建设的长期性、复杂性相比，既有研究仍存在多方面的不足，亟待学术界加强协同、深入研究。这主要体现在三个方面：

首先，在研究取向上，学术界应加强"一带一路"的理论与历史研究，拓宽"一带一路"倡议的阐释空间。作为国家政策催生的研究领域，当前不少"一带一路"研究"止步于'复述'政府文件的论述，忽略了对这一战略进行'学术'的思考"，特别是忽略了对"一带一路"倡议与"中国历史、'中国特色'文化政治"历史与理论关联的深入阐发，[①] 而忽略了对这些问题，也即"一带一路"倡议历史、地理、政治前提的分析和考察，我们就很难准确把握这一倡议给我们重新理解文明、文化与世界秩序所提供的宝贵契机。

其次，在学科门类上，学术界应加强自然科学领域的"一带一路"科技研究，夯实"一带一路"科技创新的基础。国务院印发的《"十三五"科技创新规划》明确指出科技创新在"一带一路"建设中起着先导和支撑作用。[②]"一带一路"建设工作具有国家多、范围广、时间长、环境复杂等特征，面临着气候变化、自然灾害、生态保护、数据保护、城市扩张等一系列挑战。这些挑战同时也是当代科学与技术发展需要解决的前沿问题。虽然已有一些科技期刊，如《中国工程科学》围绕"一带一路"倡议策划了专题，但相关研究的数量和质量仍远不能满足"一带一路"建设的需求。

最后，在研究重心上，学术界应加强"一带一路"文化与传播研究，为"一带一路"行稳致远夯实民众基础。"产业""贸易""人民币""投资""金融"等"一带一路"研究论文的高频词表明，人文社科领域的"一带一路"研究更多关注该倡议"经济"的层面。虽然无可厚非，但正如有识之士指出的，"现代最困难的是文化层面的交流"，[③] 如何深入探究

---

① 冯妮. 历史与比较视野下的"一带一路"[J]. 江南论坛，2017（8）：57-58.

② 冯妮，王大可. "一带一路"战略中国科技出版的使命与前景 [J]. 传播与版权，2017（9）：47-49.

③ 汪晖. 走进"一带一路"：跨体系的文明交汇与历史叙述 [J]. 西北工业大学学报（社会科学版），2018（1）：45-53.

"一带一路"文化交流的现状、凝练古今中外文化传播、文明互鉴的经验，并在此基础上构建加强"一带一路"民心相通的有效路径，亟待学术界投入更多的精力。

（原载《社科纵横》2019 年 08 期）

第二章

"走出去"指引下中国
出版业国际化之路

对于中国这样具有悠久文化传统的大国，本国出版物的国际传播从来就是中外文明交流史的重要组成部分。早在公元 8 世纪，日本就从我国引进了大批典籍，[①] 而语言、文字和书籍的流通也构成了古代"丝绸之路"文明互鉴的底色。[②] 1949 至 1979 年间，虽然时有顿挫，但中国图书出口的步伐并未停滞，"中国国际书店出口书刊的数量如果以 1952 年为100，1979 年增长为 2 070"。[③] 改革开放以后，中国出版"走出去"的步伐进一步加快，对外出版的产品形态和贸易手段不断丰富。"发展规划是我国国家治理中最重要的工具和支柱之一"，[④] 2003 年以来，随着出版"走出去"成为一项重要的国家方略，中国出版业的国际化之路迈入新的纪元。

第一节　中国出版"走出去"的核心机制

21 世纪初，经过改革开放 20 多年的发展，我国综合国力显著增加，

---

① 刘跃进. 中华古籍在世界的传播及其意义 [J]. 古籍整理研究学刊，2008 (2)：1-2.

② 郑阿财. 唐代汉字文化在丝绸之路的传播 [J]. 浙江大学学报（人文社会科学版），2016，46 (4)：5-17.

③ 天虹. 经营书刊出口贸易的中国国际书店 [M] //中国出版年鉴. 北京：商务印书馆，1980：38.

④ 胡鞍钢，唐啸，鄢一龙. 中国发展规划体系：发展现状与改革创新 [J]. 新疆师范大学学报（哲学社会科学版），2017，38 (3)：7-14.

实施"走出去",推动相关企业和行业在更大范围和更高强度的国际竞争与合作中,建立比较竞争优势,具备了客观的基础和条件。与此同时,随着中国经济全球化程度的提升,积极应对西方文化霸权,促进中国文化的全球传播,成为一项紧迫的任务。"强大的国家目标实现能力是中国体制的重要特征",① 而促进国家目标实现的核心机制便是发展规划的制定与实施。从 2003 年开始,国家和地方各级政府积极发挥"规划体制"这个独特的中国制度优势,制定实施了一系列既有延续性,又有阶段性特征,既突出整体部署,又带有地方特色的中国出版"走出去"发展规划,在较短时间内实现了中国出版业国际传播能力的跨越式发展。

2003 年,原新闻出版总署署长石宗源在全国新闻出版局长会议上,首次提出要利用国家对外开放的机遇,实施出版"走出去",提升中国出版业的整体素质。经过随后数年的酝酿和调整,从 2006 年开始,有关部门陆续推出"中国图书对外推广计划""中外图书互译计划""经典中国国际出版工程""中华学术外译项目"等项目,初步建立起促进中国出版国际化的工程体系。在"十二五"和"十三五"期间,推动出版"走出去"不仅是新闻出版五年发展规划中单列的重要任务,还作为基本的精神,体现在几乎全部重要发展任务之中。譬如,在《新闻出版业"十二五"时期发展规划》中,促进中国出版"走出去"的同时也是国家古籍整理出版工程、新闻出版东风工程等新闻出版精品工程的重要目标和内涵。此外,国家新闻出版管理部门还专门制定了《新闻出版业"十二五"时期"走出去"发展规划》《新闻出版业"十三五"时期"走出去"发展规划》等促进出版"走出去"的专项规划,从指导思想、基本原则、主要目标、重点任务和政策措施等方面对中国出版业的国际化之路进行了全方面的设计规划。

随着出版"走出去",我国政府推动中国出版"走出去"的目标始终如一,但在不同的历史时期,出版"走出去"的重点和手段仍有所不同。例如,在"十二五"期间,国家规划虽然也强调要扩大版权输出的区域和范围,但对出版"走出去"目标的表述,基本只是一般性地强调要提升中

---

① 鄢一龙. 五年规划:一种国家目标治理体制 [J]. 文化纵横,2019 (3):76 - 86,143.

国出版业的国际竞争力；但在"十三五"期间，由于"一带一路"倡议的实施，构建与丝路国家新闻出版合作新格局，成为新时代中国出版国际传播能力建设的重要方面。

除了中央政府，地方各地政府也组织实施了区域性的出版业国际化发展规划，譬如，《浙江省新闻出版广播影视业发展"十三五"规划》指出要制定促进版权贸易发展的相关政策，拓展新闻出版业对外合作；北京新闻出版广电局组织实施了新闻出版广电"走出去"示范企业的申报与评选等。总体而言，地方政府的规划与项目既体现了国家出版"走出去"规划的一般性原则，也带有地方特点。譬如，《新疆新闻出版业"十三五"时期发展规划》提出要利用边疆地区新闻出版"走出去"扶持计划、"睦邻固边"工程等扶持政策和项目资金，发挥新疆毗邻中亚的地缘优势，积极推动中国和新疆故事在中亚国家和地区的传播。从2015年开始，广西新闻出版管理部门每年都将推动中国与东盟国家的人文交流，促进中国和广西的优秀文化产品在东盟地区的市场占有率列入年度工作计划。2018年，上海市新闻出版局印发《打响"上海出版"品牌三年行动计划（2018—2020年）》，这份行动计划在一般性支持上海新闻出版机构开拓海外市场的同时，也特别强调在未来三年，要重点支持开拓罗马尼亚、保加利亚等中东欧国家图书市场，提升中国出版在"一带一路"国家的竞争力。

第二节 中国出版"走出去"的模式创新

传统上，中国出版业国际化之路主要采取产品贸易、国际展会和营销代理三种模式。虽然这三种模式在中国出版"走出去"的过程中仍发挥着重要的作用，譬如，当前主办或参与国际书展，仍然是相关政府和出版企业提升中国出版国际营销能力的主要渠道，但自"走出去"提出以来，特别是2010年以来，中国出版界大力加强国际传播能力建设，不断推动国际化模式的创新和发展，中国出版"走出去"总体呈现四大新变。

第一，中国出版业的国际化已逐步告别相对单一的政府主导模式，建立起政府、企业和社会等多方力量协同参与的格局。"政策扶持往往被认为是后发国家发展文化产业的首要影响因素"。① 在"走出去"提出之初，政府是中国出版业国际化之路的绝对主导者，不仅打造了北京国际图书博览会等极具品牌效应的展会平台，还积极组织国内出版企业参加法兰克福书展等国际知名展会，这两大书展一度"贡献了全国版权输出量的半数以上"，② 但带有浓厚行政色彩的"博览会"模式和相对僵化的出版"走出去"绩效管理方式的弊端也不断显现，"消解了企业走入国际市场参与国际竞争的主动性""产业与市场发展的轨迹很容易被扭曲"。③ 有鉴于此，2010 年后发布的出版"走出去"相关规划，有意识地对这一格局进行纠偏，推动制定政府规划引导与出版产业生态优化相结合的政策体系，在市场与社会层面培育中国出版"走出去"的内在驱动力。据统计，2017 年全国共输出版权 13 816 项，其中 40％左右的版权输出是民营图书出版机构贡献的，阅文集团、晋江文学等多家民营企业年度版权输出量位居全国前十，④ 掌阅科技、时代华语国际运营多个具有广泛影响力的国际推广项目，体现出中国出版国际化经营广泛的社会基础。

　　第二，和较多关注欧美发达国家及部分亚洲邻国的出版市场相比，中国出版业正积极借助"一带一路"倡议的宝贵机遇，实现"走出去"的对象从欧美"小世界"到全球"大舞台"的转变。2003 年之后，由于多种主客观因素的存在，中国出版"走出去"的重点主要是欧美发达国家。2004 年，我国版权输出的主要对象是新加坡、日本、韩国等亚洲邻国，"输出到美国、英国、德国、法国、俄罗斯和加拿大等欧美六国的版权只有 57 项，仅占总输出的 4.2％"，而到了 2017 年，输出到这六国的版权数"达到 3 011 项，占总输出的 33.2％"，数量和比重都有显著提升。2014 年以来，在"一带一路"倡议背景下，中国出版界逐步加大对"一带一路"沿线国家和地区的市场开拓力度，实现中国出版产品在全球更广泛范围的传播，"2017 年，我国面向周边国家和'一带一路'沿线国家版权输出数量

---

①　朱春阳. 扶持政策如何才能效能优化：基于我国出版业"走出去"驱动力结构的分析 [J]. 编辑学刊，2013 (2)：11－16.

②　张梅芳，刘海贵. 基于"博览会模式"的我国出版业"走出去"政策反思与优化 [J]. 新闻大学，2014 (2)：133－142，26.

③　朱春阳. 扶持政策如何才能效能优化：基于我国出版业"走出去"驱动力结构的分析 [J]. 编辑学刊，2013 (2)：11－16.

④　周百义. 民营"出海"：形式多样，未来任重道远 [N]. 国际出版周报。2019－7－15 (9).

达到近 4 500 项，占我国出版权输出总数的三分之一还多"。①

第三，中国出版业的国际化已经从相对单一的商品输出、版权输出，逐步过渡到图书版权输出和更深层次的国际文化交流与合作融合发展模式。无论是在一般意义上强调出版产品的跨国流通是国际文化交流的重要组成部分，还是从一个特别的角度突出"出版传播在国家文化安全中的基石作用"，② 其实都在强调，稳健而持久的出版国际化之路必然是一条出版"走出去"与文化"走出去"融合发展之路。近年来，中国人民大学出版社等多家出版机构依托海外孔子学院、海外中国文化交流中心或国际友华高校，成立相应的海外分社、海外出版合作中心、海外中国主题图书馆，更深层次、更广泛地参与国际文化交流活动，有效提升了出版机构的国际传播力。山东友谊出版社精心打造的"尼山书屋"，更是实现了文化展示、学术讲坛、图书销售、国际教育等多项功能的有机融合、相互支撑，"构建了一个文化传播相对立体的完整生态链"，③ 先后入选"丝路书香"重点工程、国家文化出口重点项目等，成为中国出版"走出去"的国际品牌。

第四，在"走出去"过程中，中国出版界已不再满足于被动的内容提供方的初始角色定位，更加积极地介入"中国故事"内容生产与传播的全过程，建构中国出版业国际化的"订阅"生产模式。在"走出去"提出之初，出版"走出去"的重点更多放在渠道建设上，较为关注出版贸易额、版权输出数量等显性的量化指标，相对而言，对出版产品国际传播效果，也即出版产品在"走出去"的同时是否还能"走进去"的重视程度不足。近来，出版界更加积极主动地调研国际受众的客观需求，采取多种措施生产、提供更具亲和力和影响力的图书产品，并取得了一些成效。譬如，华东师范大学出版社组建由英国知名数学教育专家领衔的编译团队，针对英国数学教育的现状和痛点，对本社的明星产品《一课一练·数学》进行全

---

① 范军. 新中国出版对外交流与合作 70 年 [N]. 中国新闻出版广电报，2019 - 8 - 19 (T05).

② 孙万军. 出版传播在国家文化安全中的基石作用 [J]. 出版科学，2019，27 (2)：22 - 25.

③ 宋冰，张亚欣. 中外文化交流平台"走出去"路径探析：以尼山书屋为例 [J]. 出版广角，2018 (10)：23 - 25.

方位的"本土化"加工和改造，使得该款图书真正进入了英美国家的主流课堂。① 作为"丝路书香出版工程"的重要项目，"外国人写作中国计划"主动组织外国作者来华调研、交流、体验，积累写作素材。和国人相比，这些外国作者更了解国外读者的语言、文化、心理乃至阅读习惯，他们写下的中国故事在国际传播过程中，所遭遇的文化冲击相对较少，也就更容易被相关国家主流人群所接受。

第三节　中国出版"走出去"的未来规划

自 2003 年"走出去"以来，中国出版国际竞争力不断增强，对中国声音的全球传播起到很大的促进作用。当前，中国出版业应立足现有基础，抓住宝贵机遇，顺应数字化时代的出版传播规律，从体制、渠道、内容等多个方面进一步加强国际传播能力建设，为在国际舞台上讲好中国故事，展现真实、立体、全面的中国，提高国家文化软实力，作出新的贡献。

第一，当前，中央和地方各级政府都积极制定相应的政策或规划，为中国出版"走出去"提供了有力的政策和资金保障，但由于不同层次、省份的政策目标、政策工具雷同度较高，中国出版"走出去"过程中同质化竞争现象较为严重。有鉴于此，我国应建立中国出版"走出去"部省协调机制，加强中央部委和相关省份政策、规划制定过程中的协调与沟通，使得各个省份都能根据自身特点制定出版"走出去"规划。此外，除了制定一般性的出版"走出去"发展规划，我国应顺应全球新闻出版产业发展趋势，积极推动融合出版、境外投资、人才培养等中国出版国际传播能力建设专门领域的规划工作，推动构建全方位、多层次、宽领域的出版"走出去"生态。

第二，随着5G、人工智能等新一代信息技术的发展，原本高速发展的数字出版业获得新的动力。在传统出版领域，我国的出版及营销能力和国

---

① 洪九来."走进去"：《一课一练・数学》成功对外传播的启示［N］. 中华读书报，2018－11－7 (6).

际出版强国比，尚存在一定的差距，但在数字出版领域，一方面，我国的技术水平则较为领先，且已成功培育出一些成功的商业模式和应用场景。而从另一方面看，虽然全球各大出版集团都已加快数字化转型步伐，但仍远不能满足急剧扩大且极具多样性的全球数字阅读市场的需求。目前，五洲传播出版社、掌阅科技、中青（英国）国际出版传媒有限公司等已积极开展数字出版"走出去"的探索与实践，打造出"全球儿童汉语互动阅读推广运营平台"、数字版"中国艺术百科全书"、掌阅海外版 iReader（app）等具有一定国际影响力的数字出版产品。在此基础上，相关管理部门和出版企业应加强构建良好的数字出版产业生态，促进数字出版技术研发和数字出版内容生产，优化数字出版产品的版权保护机制，深化与域外国家在数字出版领域的技术和文化合作，力争借助数字出版产业全球勃兴的东风，实现中国出版"走出去"的弯道超车。

第三，"先进的世界观是一个民族引领世界的首要贡献"。[①] 长期起来，由于身处欧美主导的世界秩序，无论是在国家层面，还是在企业层面，我国出版"走出去"的重点都放在了对欧美国家市场的开拓上。和欧美主导的世界观不同，作为"从第三世界出发改造世界的方案"，[②] "一带一路"的互联互通计划提升了欧亚大陆、西亚北非等区域在世界格局中的重要性。在"一带一路"国家设立国际编辑部、组团参与"一带一路"沿线国家书展等措施，虽然使得国内出版界已显著加大了对"一带一路"国家图书出版市场的关注程度，但由于"一带一路"国家各方面情况差异巨大，仍有很大的提升空间。就此而言，国家新闻出版管理机构应加紧制定专门的中国出版"一带一路"走出去发展规划，从政策、资金、投融资、人才培养等多方面为出版界保驾护航，出版机构也应着力开展"一带一路"国家跨文化受众调研，加强和"一带一路"国家出版机构、出版经纪人和专家学者的合作，提升"一带一路"国际出版工作的本土化运作水平，实现"一带一路"图书出版贸易网络的动态优化。

---

① 张文木. 通过"一带一路"看世界治理体制的中国方案 [J]. 世界社会主义研究，2017，2（8）：26-28.
② 陈光兴. 回到万隆/第三世界国际主义的路上："一带一路"民间版二十年阶段性报告 [J]. 开放时代，2016（5）：208-223.

　　第四，无论是在国外还是在国内，将中国与传统文化关联起来讨论，都是一种常见的观点，表现在出版"走出去"领域，就体现为，不少人自觉不自觉地将中国出版"走出去"等同为中国传统文化图书"走出去"、中国古代典籍"走出去"等。虽然中国传统文化书籍确实是中国出版"走出去"的重要内容，但很多跨国调研都清楚地显示，近年来，国际民众和国际知识界其实"越来越渴望了解中国当下的样子"。[①] 从晚近中国出版国际化之路看，也确实是讲述当代中国故事的图书，如《习近平谈治国理政》《中国震撼》等赢得的国际关注最多。因此，国内出版机构应加大对当代中国主题图书选题策划与国际推广的力度，推出更多研究中国道路、阐发中国经验、展现中国发展的图书，更好地满足国际民众的阅读需要。

（原载《科技与出版》2020 年 03 期）

---

① 李苑. 世界"渴望了解中国"[N]. 光明日报，2015 - 08 - 31 (1).

第三章

"一带一路"主题
出版的需求与行动

在"一带一路"建设工作五周年座谈会上，习近平总书记指出，"一带一路"建设"正在向落地生根、持久发展的阶段迈进"，推动共建"一带一路"向"高质量发展转变"，是下一阶段"一带一路"建设工作的基本要求。① 推动"一带一路"建设向高质量发展转变，既需要加快"一带一路"建设项目的落地、转化速度，也需要加大对"一带一路"理论与实践的研究、传播力度，为"一带一路"行稳致远提供"软力量"的支撑。

第一节　面向国内读者的"一带
一路"主题出版

图书出版是知识传播、学术传承和舆论引导的基本渠道和重要载体。在"一带一路"扬帆起航阶段，笔者曾初步总结了"一带一路"出版工作的成绩与不足。② 在"一带一路"五周年的时间节点上，笔者试图在前期观察和研究的基础上，进一步总结国内出版界加强"一带一路"主题出版

---

① 张君荣. 推动"一带一路"共建向高质量发展转变［N］. 中国社会科学报，2018 - 9 - 5（1）.

② 王大可. 2015 年"一带一路"出版工作述评［J］. 科技与出版，2016（5）：27 - 31.

的措施和经验，评价"一带一路"主题出版的成效和不足，并在此基础上就进一步做好服务和支撑"一带一路"国家倡议的主题出版工作提出有针对性的建议。

一、需求与行动

在当代中国的语境中，主题出版指的是一种围绕党和国家战略需求、工作重心，集中开展的重大选题策划和出版发行活动。2014年以来，随着"一带一路"建设不断深入，其在国家长远发展规划中的战略地位日渐凸显，国家新闻出版管理部门将"一带一路"作为重大主题列入"十三五"国家重点出版规划，全国出版机构也积极发挥自身优势，创新图书出版的内容和形式，共同构筑了"一带一路"主题出版有为有位的良好局面。

（一）坚定政治站位，强化组织领导

马克思主义编辑出版思想认为，图书出版不仅是传播知识、传播真理的神圣工作，更是党领导的意识形态和思想文化阵地的重要环节。这一要求落实到"一带一路"主题出版上，就是要求出版界紧跟党和国家关于"一带一路"倡议的重大部署，深入挖掘"一带一路"倡议战略需求，通过周密的组织和策划，集中推出阐发"一带一路"时代价值、研究"一带一路"建设难点的系列图书，为"一带一路"建设的顺利推进提供有力的出版支撑。

早在2014年，大连海事大学出版社就成立了"一带一路"选题领导小组，其策划的一系列图书如《习近平的"一带一路"足迹》入选教育部全国高校出版社主题出版项目，《"一带一路"国别概览》等获得国家出版基金项目资助，"'一带一路'知识服务体系与全媒体融合工程"不仅入选国家新闻出版改革发展项目库，还获得中央文化产业发展专项资金扶持。这些出版成果受到交通运输系统及社会各界的广泛关注，大连海事大学出版社也获准建设辽宁省"一带一路"出版基地。

浙江大学出版社依托浙江大学牵头组建的"一带一路"合作与发展协同创新中心，精心组织实施了"一带一路"重大项目出版工程，明确提出把浙江大学出版社建设成国内"一带一路"主题出版重镇的发展目标。目前，在该出版工程的带动下，浙江大学出版社在决策咨询、学术经典、人文艺术、知识传播等出版领域都推出了有代表性的"一带一路"精品图书，如浙江大学出版社出版的《"一带一路"争端解决机制》从国际现存争端解决机制的介绍着手，全面分析了建立"一带一路"争端解决机制的前期准备和可行路径，对妥善解决"一带一路"国际争端，保障"一带一路"倡议顺利推进有重要实践指导价值。

（二）发挥专业优势，打造出版精品

"一带一路"主题出版工作高度的"政治性"对"一带一路"主题图书的内容质量也提出了极高的要求。比如说，"一带一路"沿线国家不仅数量众多，不同国家的工业基础和发展程度也很不相同，深入了解沿线国家工业及经济发展情况，是顺利推进"一带一路"工业产业合作的前提。作为工信部主管的专业出版社，电子工业出版社发挥专业优势，在组织开展"'一带一路'工业文明及经济发展状况研究"工信部重点软课题研究过程中，积累了大量一手资料，相关成果为电子工业出版社开发相应的数字出版产品、策划推出"'一带一路'工业文明丛书"奠定了良好的基础。[①]

人民出版社、上海人民出版社等发挥社科出版的优势，推出一系列"一带一路"理论研究著作，增强了学术界和中国社会对"一带一路"战略价值的认识。人民出版社 2015 年出版的《一带一路：机遇与挑战》是国内首部从国际关系角度解读"一带一路"的专著，从"中国梦"与"世界梦"辩证统一的视角，阐明了"一带一路"促进全球化向包容性、普惠性方向发展的重要意义，被中组部、中宣部列为党员干部推荐学习图书。上海人民出版社出版的《"一带一路"战略的政治经济学》取径政治经济学研究方法，从历史与当代的双重视角，对"一带一路"倡议谋定而后动的整个进程进行了鞭辟入里的分析，建立了理解"一带一路"倡议的理论框架，成功入选 2016 年国家社科基金"中华学术外译"项目。

---

① 樊文. 专业优势助推"一带一路"出版［N］. 新华书目报，2016 - 7 - 25（9）.

（三）重视大众普及，加强阅读推广

"任何一种科学理论在其具体的社会实现过程中都内在地寓含着'大众化'的必然要求和实践张力"，[①] 而马克思主义思想"改造世界"的理论品格使得其对"大众化"的追求更为迫切，正因为此，在马克思主义思想指导下，"一带一路"主题出版工作也高度重视图书出版产品的普及与推广。

国内多家出版社推出面向不同受众、各具特色的"一带一路"知识读本，为社会各界丰富对"一带一路"的认识，提供了优质的素材。长江少年儿童出版社推出著名科普作家刘兴诗编著的《"一带一路"青少年普及读本》（4 册），寓教于乐地讲解了"一带一路"的源起与发展，入选中宣部公布的 2017 年主题出版重点出版物。浙江大学出版社推出的《"一带一路"一百问》以"问"和"答"的形式，针对社会各界的关注点，进行全面的释疑解惑。中华书局推出的《一张图表看懂丝绸之路》则通过图表的形式讲述千年丝路史，以具体可感的视觉形式阐发了丝绸之路的历史与时代价值。

此外，不少出版机构还积极组织形式多样的阅读推广活动，增进社会公众对"一带一路"的了解。2015 年上半年，《光明日报》"光明讲坛"连续刊登复旦大学教授葛剑雄、清华大学教授胡鞍钢、中科院院士吴立新等多位知名学者关于"一带一路"的讲稿，后来，在《光明日报》和上海交通大学出版社的共同努力下，这批讲稿结集为《改变世界经济地理的"一带一路"》出版，呈现出理解"一带一路"倡议的多重视野。江苏人民出版社邀请《丝绸之路》的作者刘迎胜教授在江苏各地巡回演讲，阐发中华丝路文明对全球治理体系变革的启示，促进了国家倡议在基层民众中的传播。

（四）推进数字转型，创新出版形式

在新媒体时代，移动互联网技术的迅猛发展，一方面极大冲击着图书出版行业的传统格局；另一方面也为出版界加快数字化转型，运用新

---

① 李海星. 马克思主义大众化理论元释：马克思恩格斯论马克思主义的传播与普及 [J]. 东南学术，2013（6）：7 - 12.

兴技术创新出版流程和出版内容，更好地满足读者和社会需要，提供了宝贵的契机。在这一方面，"一带一路"主题出版工作也有一些探索和成绩。

在外交部、中央人民广播电视台和中国移动通信集团公司的指导下，世界知识出版社等机构联合打造了"一带一路"数字文化工程项目。目前，作为该工程项目的重要组成部分，"一带一路"图书馆已通过中国移动咪咕阅读平台投入运营，通过客户端、网站等多种媒介，向用户传播"一带一路"权威资讯和图书文献，是"一带一路"主题信息的权威发布平台。

社会科学文献出版社依托中国社会科学院和出版社学术资源，研发推出"一带一路"数据库。该数据库涵盖"一带一路"国别研究、"一带一路"主题研究和"一带一路"年度报告三大板块，设有"一带一路"与大国地缘战略、"一带一路"与互联互通、"一带一路"沿线国家及省域概括、"一带一路"与文化交流等九大热点专题，为"一带一路"实践与研究提供有力的智力支撑，被中国出版协会、中国新闻出版研究院评为优秀内容资源平台。

二、成效与内容

本研究运用 Python 爬虫软件，从中国国家图书馆馆藏书目系统中抓取了（抓取时间为 2019 年 1 月 10 日）2014 年至 2018 年出版的，标题含有"一带一路"或"丝绸之路经济带"或"21 世纪海上丝绸之路"的全部图书，抓取的变量包括书名、作者、出版时间、出版机构、中图分类号、内容提要等。基于抓取的数据，本研究一方面采取内容分析研究方法，对"一带一路"主题出版的演进态势展开描述性分析；另一方面，运用内容挖掘软件（ROST Contend Mining）对相关图书的标题和内容提要进行文本挖掘，凝练"一带一路"主题出版物的内容特征。

（一）出版数量逐年递增，作者队伍分布广泛

虽然早在 2013 年 9 至 10 月间，国家主席习近平就在外出访问期间发出共建"丝绸之路经济带"和"21 世纪海上丝绸之路"的倡议，在 2013

年底的十八届三中全会上，"一带一路"已正式上升为国家方略，但由于图书出版的时间差，2014 年出版的"一带一路"主题图书仅有 15 册，远未成为图书出版的热点。不过，随着"一带一路"建设的不断推进，全国出版机构纷纷跟进，"一带一路"图书年度出版数量连创新高。2015 年，全国出版机构推出"一带一路"主题图书 147 册，是 2014 年出版数量的 9.8 倍，2016 年的出版数量在 2015 年的基础上又翻了一番。2017 年的"一带一路"图书出版数量为 495 册，这一数量在 2016 年高基数的基础上又增加了 192 册。截至 2019 年初，可检索到的 2018 年出版的"一带一路"主题图书数量为 368 册，高于 2016 年的出版数量，但较 2017 年的数量要少一些（见表 3-1）。

表 3-1 "一带一路"主题图书数量及作者
人数（个人、机构或课题组）

年　　份	图书数量（册）	作者人数（个）
2014	15	15
2015	147	133
2016	303	262
2017	495	398
2018	367	326
合计	1 327	736

与此同时，"一带一路"主题图书的作者队伍也在不断扩大。由表 3-1可知，在 2014 年至 2018 年的 5 年时间里，共有 736 个作者（或机构、课题组）参与了"一带一路"图书的编撰工作。从 2016 年到 2018 年，每年参与"一带一路"主题图书写作的作者人数都超过了 250 个。除了《一带一路沿线国家法律风险防范指引》系列丛书编委会编辑出版了 21 册"一带一路"沿线国家法律风险防范指引图书，中国外文局编辑出版了 14 册中外文对照的《中国关键词："一带一路"篇》外，有 25 个作者出版图书数量超过（含）5 册，他们的人数仅占全部作者总数的 2%，出版图书数量却占图书总量的 8.2%，是"一带一路"主题图书的核心作者队伍（见表 3-2）。

表 3-2　"一带一路"主题图书核心作者队伍

作者姓名	供职机构	图书数量（册）	作者姓名	供职机构	图书数量（册）
王胜三	民政部	14	李 敬	重庆市社会科学院	5
陶红亮	不详	13	李 月	中国经济信息社	5
刘 伟	中国人民大学	11	王贵国	浙江大学	5
王灵桂	中国社会科学院	11	徐绍史	国家发展和改革委员会	5
中国国际贸易促进委员会法律事务部	—	8	赵 磊	中共中央党校	5
李永全	中国社会科学院	6	郑通涛	厦门大学	5
王义桅	中国人民大学	6			

（二）出版机构积极参与，不同学科相互支撑

据统计，在 2014 至 2018 年的 5 年时间里，全国共有 34 个城市的 242 家出版机构参与了"一带一路"主题图书的出版，其中位于北京的出版机构出版图书数量占全部图书总量的 67.7％，遥遥领先于其他城市出版机构的出版数量。西安、上海、成都、广州、大连等城市出版的"一带一路"图书数量紧随其后，都超过了 30 本，其中西安和上海出版的"一带一路"图书更是超过了 50 本，占比分别为 4.3％和 3.8％（见图 3-1）。

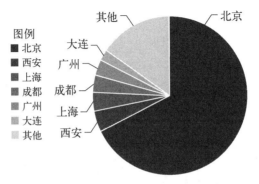

图 3-1　"一带一路"主题图书出版机构地域分布示意图

　　"一带一路"主题图书涉及的学科领域也十分广泛，按照《中国图书馆分类法》的分类标准统计，共涉及 B（哲学、宗教）、D（政治法律）、F（经济）、T（工业技术）等 18 个学科大类，以及 C8（统计学）、F1（世界经济）、K1（世界史）、X3（环境保护管理）等 68 个学科小类（见表3-3）。

表3-3　"一带一路"主题图书涉及学科

学科大类	学科小类	学科大类	学科小类
B（哲学、宗教）	B9（宗教）	I（文学）	I1（世界文学）、I2（中国文学）、I3（各国文学）
G（文化、科学、教育、体育）	G1（世界各国文化）、G2（信息与知识传播）、G3（科学、科学研究）、G4（教育）、G8（体育）	D（政治、法律）	D2（中国共产党）、D33（各国共产党）、D4（工农青妇）、D5（世界政治）、D6（中国政治）、D73（各国政治）、D8（国际关系）、D9（法律）
C（社会科学总论）	C8（统计学）、C91（社会学）	Q（生物科学）	Q1（生物科学现状与发展）、Q94（植物学）
P（天文学、地球科学）	P1（天文学）、P3（地球物理学）、P4（大气科学）、P6（地质学）、P7（海洋学）	R（医药、卫生）	R1（预防科学、卫生学）、R2（中国医学）
T（工业技术）	TB（一般工业技术）、TE（石油、天然气工业）、TK（能源与动力工程）、TS（轻工业、手工业）、TU（建筑科学）、TV（水利工程）	F（经济）	F0（经济学）、F1（世界经济）、F2（经济计划与管理）、F3（农业经济）、F4（工业经济）、F5（交通运输经济）、F7（贸易经济）、F8（财政、金融）
N（自然科学总论）	N0（自然科学理论与方法）	Z（综合性图书）	Z8（图书目录、文摘、索引）
H（语言、文字）	H0（语言学）、H1（汉语）、H3（常用外国语）、H4（汉藏语系）	S（农业科学）	S1（农业科学技术现状与发展）、S2（农业工程）、S6（园艺）、S7（林业）
K（历史、地理）	K1（世界史）、K2（中国史）、K81（传记）、K9（地理）	U（长途运输）	U1（综合运输）、U6（水路运输）
J（艺术）	J1（世界艺术）、J2（绘画）、J4（摄影艺术）、J5（工艺美术）、J6（音乐）、J7（舞蹈）、J9（影视艺术）	X（环境科学、安全科学）	X1（环境科学基础理论）、X3（环境保护管理）、X8（环境治理评价与环境监测）

（三）机构品牌初步建立，形成若干核心领域

正如美国著名出版家贝利指出的，"出版社并不因它经营管理的才能出名，而是因它所出版的书出名"，[1] 不少出版社深耕"一带一路"，推出系列精品图书，塑造并形成了自身在"一带一路"主题出版领域的品牌价值和内容创新优势。据统计，共有 7 家出版机构推出的"一带一路"图书数量超过 30 册，其中社会科学文献出版社出版的"一带一路"图书数量最多，达 104 册，领先优势十分明显（见表 3-4）。

表 3-4 "一带一路"主题图书核心出版机构

序　号	出 版 机 构	图书数量（册）
1	社会科学文献出版社	104
2	经济科学出版社	77
3	中国社会科学出版社	64
4	人民出版社	48
5	中国经济出版社	48
6	经济管理出版社	37
7	新华出版社	31

皮书是一种"以专业的角度""对中国与世界发展状况和热点问题进行年度监测"的连续出版物，已成为"在中国乃至国际发挥独特影响力的出版形态"。[2] 从 20 世纪 90 年代开始，社会科学文献出版社就开始大力推进皮书出版，积累了大量的作者和智力资源。面对"一带一路"倡议的新形势、新需求，社会科学文献出版社或在原有皮书出版物基础上，推出相应的"一带一路"篇，如《全球信息社会发展报告（2017）：促进"一带一路"信息化合作建设数字丝绸之路》《中国对外直接投资与国家风险报告（2017）："一带一路"：海外建设新版图》，或策划推出新的皮书报告，如《"一带一路"建设发展报告》《"一带一路"环球行动报告》，在"一带一路"主题出版领域占得先机。

---

① 章华荣. 精品出版助推出版社品牌建设的路径研究 [J]. 出版广角，2018（20）：9-12.
② 谢曙光，吴丹. 皮书与当代中国研究 [J]. 出版广角，2016（13）：20-23.

　　在出版"一带一路"图书较多的 7 家出版机构中，经济科学出版社、中国经济出版社和经济管理出版社具有十分明显的财经出版的背景，剩下的几家出版机构在经济类、政法类、社科类图书出版等方面也具有雄厚的出版实力。结合这几家出版机构的优势业务领域和"一带一路"主题图书的语义网络，可以发现，"一带一路"图书出版已基本形成 3 个较为明显的核心出版领域。

　　首先，从"投资""经济""贸易""企业"等语词在语义网络图中的关键位置看（见图 3 - 2），金融、贸易合作与企业发展是"一带一路"主题图书的最大热点。"发展导向是'一带一路'倡议的突出特色"，[①] 有鉴于此，出版界推出了大量与"一带一路"产贸合作、经济发展有关的图书，或从宏观层面论述中国的全球经贸战略（如《"一带一路"：全球发展的中国逻辑》），或定量测度我国与"一带一路"国家的贸易增长空间（如《中国与丝绸之路经济带沿线国家农产品贸易增长潜力研究》），还有的图书更为具体地探讨"一带一路"对特定区域经济发展的影响（如《丝绸之路经济带与新阶段西部大开发》）等。

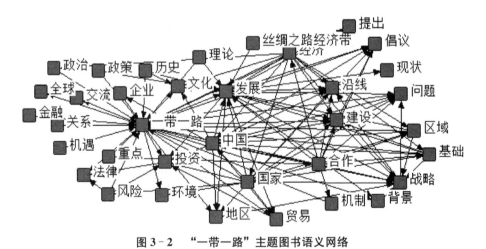

图 3 - 2　"一带一路"主题图书语义网络

　　其次，地缘、环境、法律等风险应对是"一带一路"主题图书重要关切的方面。"一带一路"沿线国家多为发展中国家和新兴市场国家，和发

---

　　① 王彦志."一带一路"倡议下的国际经济秩序：发展导向抑或规则导向 [J]. 东北亚论坛，2019，28（1）：78 - 91，128.

达国家比，这些国家产业结构单一、基础设施建设落后，社会安全和政治稳定性也相对较差，时刻注意、及早预防各类风险是保障"一带一路"建设顺利推进的基础。针对"一带一路"建设的风险及应对，国内出版社推出了《"一带一路"沿线国家风险识别研究》《"一带一路"面临的国际风险与合作空间拓展》《"一带一路"国家工程与投资法律制度及风险防范》，为政府与企业界厘清与面对各类风险，优化"一带一路"建设方案提供了有价值的参考。

最后，正如一些研究者指出的，"一带一路"倡议的提出有深刻的历史、政治和文化根源，"一带一路"倡议的顺利推进，更要求"各国互联互通，相互不断交流""保留对不同的政治、文化、生态多样性的尊重"。[①]从语义网络图中的"历史""文化""交流"等关键词看（见图3-2），文化交流与合作也是"一带一路"图书的热点主题，不过整体而言，此类著作如《丝绸之路经济带建筑文化研究》《丝绸之路经济带建筑文化研究》多着眼于具体的文化，对"一带一路"倡议与中国智慧关联的挖掘、对"一带一路"沿线国家历史文化传统的研究等都还有较大的提升空间。

三、反思与展望

当代中国与世界的深刻变革，给理论创造、学术繁荣，也给图书出版提供了广阔的空间。自"一带一路"倡议提出以来，受益于出版管理部门和出版机构的统筹谋划，"一带一路"图书出版数量不断增加、内容日渐丰富、层次更加多元。然而，与"一带一路"建设的长期性、复杂性，及国家与社会的迫切需要相比，当前的"一带一路"图书出版工作仍存在多方面的不足。

首先，虽然"一带一路"图书涉及的学科门类众多，但不同学科门类的图书数量差距极大。在全部1 327册图书中，F（经济）类图书数量高

---

① 汪晖，臧小佳. 走进"一带一路"：跨体系的文明交汇与历史叙述：汪晖教授访谈［J］.西北工业大学学报（社会科学版），2018（1）：45-53.

达 784 册，占比 59.1%，遥遥领先于其他学科的图书，而偏重于文化的 G（文化、科学、教育、体育）类、H（语言）、I（文学）和 J（艺术）类图书数量加在一起才 129 册，占比仅为 9.7%，显然无法满足"一带一路"建设"文化先行"的需要。

其次，"一带一路"建设工作范围广、周期长，所处的社会与自然环境变化多端、极端复杂，在气候、生态、灾害、能源、基建、数字化等方面面临着需要攻克的科技难关。国务院印发的《"十三五"国家科技创新规划》，明确指出，科技创新在"一带一路"建设中发挥着先导和支撑作用。[①] 然而，笔者此次的研究发现，从科技角度开展"一带一路"研究的图书仅有 69 册，占全部图书总量 5.2%，且涉及的细分学科领域也较为单一，仅涵盖 25 个学科小类，在量与质上都无法为"一带一路"科技创新提供足够的支撑。

最后，作为"处理当代国际关系""完善全球治理"的"中国智慧"和"中国方案"，[②]"一带一路"是对近代以来以欧美为中心的世界观的逆转，其对有关欧亚大陆、有关南半球，以至于中国西部地区、民族地区、边疆地区的相关知识，有着内在的极为迫切需求。然而，从"一带一路"主题图书的整体情况看，这方面的图书如《巴基斯坦经济》《"一带一路"建设与云南文化"走出去"》等或者是概述性的，或者是应用导向的，在研究深度和研究广度上都有较大的提升空间。

2019 年 4 月，中国主办了第二届"一带一路"国际合作高峰论坛，这表明，作为一项中长期倡议，"一带一路"将继续在国家发展规划中扮演重要的角色。有鉴于此，根据上文的分析，本研究认为，为进一步增强服务"一带一路"建设的能力，在国家倡议的推进中发出"出版声音"、贡献"出版力量"，我国出版界可以从如下三方面着手，提升"一带一路"主题出版工作的实际效能。

第一，加大文化与传播类"一带一路"图书出版力度，夯实"一带一

---

① 冯妮，王大可. "一带一路"战略中国科技出版的使命与前景［J］. 传播与版权，2017（9）：47‐49.

② 张文木. 通过"一带一路"看世界治理体制的中国方案［J］. 世界社会主义研究，2017，2（8）：26‐28.

路"建设的民众根基。虽然经济与产业合作是"一带一路"倡议的重要方面，但"民心相通"才是"一带一路""五通"体系中最难实现的目标，不少实际工作者已经发现"现在最困难的是文化层面的交流"。[①] 有鉴于此，出版机构应有意识改变经济类"一带一路"图书一支独大的局面，在"一带一路"文化交流与合作的主题下，出版更多凝练文明互鉴经验、研究文化传播策略的专题图书。

第二，加强科技创新类"一带一路"图书选题策划，以创新驱动引领"一带一路"建设。总体而言，与更具体系性的人文社科类"一带一路"图书出版相比，科技类"一带一路"图书出版工作显得十分零散。事实上，近年来国家有计划地组织实施了一批"一带一路"重大科研行动计划，《中国科学院院刊》《中国工程科学》刊发了一批"一带一路"科技发展战略论文，国内不少科技智库如中国海洋装备工程科技发展战略研究院等也在开展"一带一路"科技战略研究，科技出版机构应有意识地加强与这些研究力量的业务联系，依靠科技专家的力量，打造科技创新类"一带一路"精品图书。

第三，注重引导"一带一路"区域/跨区域文献整理及研究出版，促进"一带一路"国家与地区知识的积累与生产。长期以来，包括中国在内的全球知识界习惯了"向西看"，"一带一路"作为"从第三世界出发改造世界的方案"，[②] 在客观上提出了加深对亚、非、拉等全球南方地区认识的需求，然而，国内学术界和出版界在这方面的积累仍十分欠缺。有鉴于此，无论是"引入"还是"培育"，出版机构都应以高度的文化自觉，促进"一带一路"区域/跨区域文献编辑、研究出版，为中国乃至全球知识生产结构乃至世界观的转变，提供扎实的出版支撑。

（原载《科技与出版》2019 年 08 期）

---

① 汪晖. 走进"一带一路"：跨体系的文明交汇与历史叙述［J］. 西北工业大学学报（社会科学版），2018（1）：45-53.

② 陈光兴. 回到万隆/第三世界国际主义的路上："一带一路"民间版二十年阶段性报告［J］. 开放时代，2016（5）：208-223.

第二节　面向国际读者的"一带
一路"主题出版

20 世纪 90 年代以来，全球化浪潮席卷全球，资本、产业、商品、人员等生产要素的跨国流动日益便捷，国家和区域间的一体化协作程度不断提升。与此同时，如何在全球流动的语境下，建立民族文化自信，维护国家文化安全，也日益成为一个重要的问题，正如研究者所说，"作为经济全球化的一个直接后果，'文化全球化'已经成为资本掠夺的一种当代形态，直接威胁着各民族文化产业的生存与发展"。[1] 伴随着经济力量的全球扩展，西方国家的文化产品扩散到世界各地，对各国文化、价值观乃至政治意识形态施加着深远的影响，构成西方主导的全球治理格局的一块基石。在这个意义上，如果说"一带一路"建设是中国新型全球治理观的表现和实践，那么文化传播工作理应成为该倡议的重要组成部分。国家主席习近平在第二届"一带一路"国际合作高峰论坛开幕式上的主旨演讲中指出，推动"一带一路"沿着高质量发展方向不断前进，"要积极架设不同文明互学互鉴的桥梁"。出版业是文化传承和文明交流的重要载体，出版"走出去"是中国文化全球传播的重要形式。在前期的研究中，笔者曾基于国内语境，对"一带一路"主题出版的整体格局进行了总结和反思，[2]这里希望探讨的是，在全球传播的语境下，"一带一路"主题出版"走出去"的现状与成效问题。

一、需求与行动

（一）注重政策引领，发挥中央与地方协同

"强大的国家目标能力是中国体制的重要特征。"[3] 21 世纪以来，得

---

①　胡惠林. 文化产业发展与国家文化安全：全球化背景下中国文化产业发展问题思考 [J].上海社会科学院学术季刊，2000（2）：114 - 122.

②　王大可."一带一路"主题出版的回顾与反思 [J]. 科技与出版，2019（8）：51 - 57.

③　鄢一龙. 五年规划：一种国家目标治理体制 [J]. 文化纵横，2019（3）：76 - 86，143.

益于一系列出版"走出去"政策、规划及相关工程项目的组织实施，中国出版的国际竞争力显著提升，有力支撑了中国故事的全球传播。2013年以来，在前期政策基础上，国家有关部门立足"一带一路"建设需要，出台一系列专项扶持政策，引导中国出版加快"一带一路"走出去的步伐。

2014年，经中共中央宣传部批准，包括重点翻译资助项目、丝路图书互译项目、汉语教材推广项目等类别的"丝路书香工程"获准立项，同时入选国家"一带一路"建设重大项目。2017年9月发布的《新闻出版广播影视"十三五"发展规划》将"丝路书香工程"列为"十三五"期间新闻出版国际传播能力建设的重点项目。文化部同年发布的《文化部"一带一路"文化发展行动计划（2016—2020年）》也提出要以数字文化为重点，开拓完善国际合作渠道，实现文化生产和文化消费的良性互动，促进"一带一路"民心相通建设。

在国家规划指引下，不少省市也结合自身情况，加大对"一带一路"出版交流与合作的支持力度。譬如，上海市不仅在原有"上海翻译出版促进计划""上海市版权走出去扶持资金"等传统项目中加大对"一带一路"相关项目的扶持力度，还从2016年起，特别设立"上海新闻出版'一带一路'资助项目"，推动上海出版单位优质出版产品在"一带一路"国家的出版传播。此外，上海市新闻出版局还着力开拓"一带一路"国家出版市场，充实提升"文化中国"丛书品牌和"阅读上海"品牌效应，列为打响"上海出版"品牌的重要专项行动。《新疆新闻出版业"十三五"时期发展规划》也指出要抓住"一带一路"重大战略机遇，培养外向型国际出版专业人才，提升自治区出版产品在"一带一路"国家的市场份额。

（二）强化市场运作，凸显企业主导

一般而言，政策扶持被认为是影响一国出版"走出去"能力的首要因素，但在现代市场经济的条件下，政策扶持只有在"有利于企业成为竞争优势的主体"的条件下才能发挥最大的效用。[①]我国出版业在开拓"一带

① 朱春阳. 扶持政策如何才能效能优化：基于我国出版业"走出去"驱动力结构的分析［J］.编辑学刊，2013（2）：11-16.

一路"市场时，充分尊重市场规律，加大本土化、市场化发展的力度，既服务了国家倡议，也增强了中国出版业的国际竞争优势。

上海外语教育出版社、外文出版社、中译出版社等出版机构根据业务需要，在"一带一路"国家发起成立"中译—罗奥中国主题国际编辑部"等多个国际编辑部，以相对小的经济和风险投入，促进出版业在海外市场的本地化运作。① 安徽少年儿童出版社联合"一带一路"沿线优质合作伙伴，发起成立"丝路童书联盟"，主办"'一带一路'童书互译工程"，利用目标市场本土发行渠道，实现童书出版"走出去"的突破。

为准确把握"一带一路"国家市场需求，中国出版集团组织专业力量，对罗马尼亚、匈牙利、泰国等国文化出版市场进行专项调研，并根据调研成果，制定"一国一策"的市场策略。譬如，针对波兰、塞尔维亚等国数字出版起步较晚，但有声书市场增长迅速的特点，中国出版集团大力推动文学、童书、字典类有声书进入它们的市场。此外，中国出版集团还积极参加"一带一路"国家国际书展，推进与相关国家主流书店的业务合作，开设"中版书柜"和"中国书架"，不断拓展更为本土化和市场化的零售渠道。②

（三）改进出版模式，创新营销生态

在数字经济时代，"营销不再是从生产到销售的线性机械运输，而是囊括物质交换、信息传播、行业合作、关系维护等多重任务的综合运作系统"。③ 作为山东友谊出版社精心打造的出版"走出去"品牌，尼山书屋实现了文化展示、学术讲坛、图书销售、国际教育等多项功能的有机融合、相互支撑，"构建了一个文化传播相对立体的完整生态链"，实现了展示窗口、出版机构、图书销售、版权队伍和作者队伍的国际化，④ 先后入选

---

① 窦元娜. "走出去"的新模式：成立国际编辑部 ［N］. 国际出版周报，2017 - 12 - 25（12）.

② 贾子凡. 李岩：中版集团"一带一路"国际合作呈现全新局面 ［N］. 国际出版周报，2019 - 8 - 12（7）.

③ 孙英春，李冰玉. 回归内容本质，打造数字营销生态圈：民营书企数字营销策略探析 ［J］. 出版广角，2018（14）：24 - 27.

④ 宋冰，张亚欣. 中外文化交流平台"走出去"路径探析：以尼山书屋为例 ［J］. 出版广角，2018（10）：23 - 25.

"丝路书香"的重点工程项目、国家文化出口重点项目等，成为中国出版"走出去"的国际品牌。

长期以来，我国出版"走出去"的对象主要是一些欧美发达国家以及一些同属中华文化圈的亚洲邻国。在"一带一路"背景下，我国出版企业不仅大力发展与"一带一路"国家的版权贸易，实现版权输出总量和结构的"双提升"，还积极实践海外并购、设立海外分支机构、发展国际版权贸易代理等多种国际化经营模式，不断提升出版"走出去"的质量和效益。

例如，通过搭建"图书版权贸易洽谈会"平台，山东出版集团有效拓展了"一带一路"国家市场。从 2015 年 1 月至 2019 年 9 月，山东出版集团图书版权已输出 23 个国家，有 99 种图书入选"丝路书香工程"等国家级"走出去"项目。① 作为首批获得对外专项出版权的试点企业，人民天舟（北京）出版有限公司通过在摩洛哥、阿联酋等国家设立海外分支机构，深耕"一带一路"国家阿拉伯语、法语、英语等畅销语种市场，仅在第 25 届卡萨布兰卡国际书展上，销售图书就超过 3 000 册，销售额超过 10 万迪拉姆。②

（四）加强数字出版，提升传播效率

21 世纪以来，随着现代信息技术，特别是移动互联网技术的发展，全球数字阅读市场规模不断扩大，基于各类网络终端，便捷地获取数字内容，成为各国网民的重要需求。据统计，"一带一路"大多数国家互联网普及率都在 60％以上，③ 并且"互联网'无线化'的趋势较明显"，④ 在扶持纸质项目的同时，加快推动数字出版走出去，是提升中国出版"走出去"能力的必然选择。

安徽少年儿童出版社利用数字出版平台开辟"走出去 E 丝路"，打造"全球儿童汉语互动阅读推广运营平台"，入选 2013 年新闻出版改革发展项

---

① 张志华. 张志华：高质量提升国际传播力的路径探索［N］. 国际出版周报，2019 - 9 - 2 (9).
② 出版企业海外分支机构如何实力"圈粉"？［N］. 中国出版传媒商报，2019 - 8 - 20 (42).
③ 贺五一，聂小蓬. 互联网发展对"一带一路"战略的作用［J］. 中北大学学报（社会科学版），2018，34 (5)：87 - 92.
④ 王文，刘玉书，梁雨谷. 数字"一带一路"：进展、挑战与实践方案［J］. 社会科学战线，2019 (6)：72 - 81.

目库。中青（英国）国际出版传媒有限公司，瞄准"一带一路"国家对中国文化和艺术的浓厚兴趣，设计研发了具有智能搜索功能的数字版"中国艺术百科全书"，通过数据库的形式推广到国际社会。①

　　数字阅读平台是数字出版的重要环节。作为国内数字阅读行业领军者，掌阅科技研发的掌阅海外版 iReader（app）目前可支持 14 种语言，服务 40 多个"一带一路"沿线国家和地区的超过 2 000 万用户，有力推动了中国优质数字内容的国际推广。② 五洲传播出版社自建的 that's books 在短短几年间就发展成为拥有英文版、西文版、阿文版和法文版等多文版的数字内容商务推广平台，销售的电子图书产品涉及 20 多种语言文字，不仅满足了阿拉伯地区和拉丁美洲地区数字阅读市场的需求，也提升了出版"走出去"的效率。③

二、成效与内容

　　本研究对中国出版"一带一路"走出去情况的评估主要依托"丝路书香工程"的"重点翻译资助项目"入选名单。"丝路书香工程"是中国新闻出版业唯一统筹纳入国家"一带一路"建设布局的重大项目，其中的"重点翻译资助项目"更是把推动中国主题图书在周边国家和"一带一路"国家的传播明确列为项目执行的预期目的，可以说，每年入选该项目的图书既是中国出版"一带一路"走出去的实绩，也带有某种"风向标"和"指示牌"的性质，体现着国家有关部门对中国出版"一带一路"走出去的指导和规划。

　　（一）年份及数量

　　2014 年底，"丝路书香工程"正式获得中宣部批准立项，由当时的国家新闻出版广电总局组织实施。2015 年 4 月，国家新闻出版广电总局启动了首次"丝路书香工程重点翻译资助项目"的申报与评审工作。除了 2015

---

　　① 出版企业海外分支机构如何实力"圈粉"？[N]. 中国出版传媒商报，2019 - 8 - 20 (42).
　　② 倩倩. 数字出版：优质内容成为关键 [N]. 新华书目报，2018 - 8 - 31 (11).
　　③ 邱红艳. 五洲传播出版社 that's books 多语种平台在阿语和西语地区的发展 [J]. 全国新书目，2015 (7)：8 - 9.

年8月、12月，国家新闻出版广电总局先后发布了2015年"丝路书香工程重点翻译资助项目"入选名单和增补名单外，项目的入选名单一般每年发布一次。从历年公示的项目入选名单看，从2015年到2019年，该工程资助的图书数量已达1 918册，年度资助平均数量约383册，其中2015年和2016年的资助数量最多，分别达546册和439册。

（二）机构、地域及作者

据统计，全国将近228家出版机构申报的图书获得过"丝路书香重点翻译项目"的资助，其中约25%的出版机构只有1本图书入选，52%的出版机构入选图书数量在5册（不含）以下。中国人民大学出版社、五洲传播出版社和社会科学文献出版社入选的图书最多，分别达174册、172册和139册，这三家出版机构入选图书数量占资助图书总量25.3%。整体而言，除了五洲传播出版社、外文出版社等国际营销能力较强的出版机构，以及社会科学文献出版社、人民出版社等具有雄厚出版发行能力的社科类出版社外，大学出版社在开拓"丝路"图书市场中的表现较为亮眼。在入选"丝路"项目最多的15家出版机构中，大学出版社有4家，分别为中国人民大学出版社、北京师范大学出版社、北京大学出版社和上海交通大学出版社（见表3-5）。

从出版机构所在区域看，北京的出版机构入选"重点翻译项目"的图

表3-5 入选"丝路"项目最多的机构、地域和作者

机构名称	入选数量（册）	地域	入选数量（册）	作者	入选数量（册）
中国人民大学出版社	174	北京	1 396	人民日报评论部	36
五洲传播出版社	172	浙江	150	曹文轩	25
社会科学文献出版社	139	安徽上海	48	沈石溪	16
中国大百科全书出版社	68	江苏	44	雷欧幻像刘慈欣汤书昆	12
外文出版社有限责任公司	58	新疆	39	陈来	11

书数量最多，达 1 396 册，约占入选图书总数的 73%，遥遥领先于全国其他省市。总体而言，入选"丝路"项目最多的省份，一般都具有实力较强的大学出版社或儿童文学出版社，譬如浙江少儿儿童出版社有 32 册图书入选"丝路"项目，占浙江省入选总数的 21.3%，安徽少年儿童出版社入选图书 19 册，占安徽省入选总数的 39.6%，上海交通大学出版社入选图书 34 册，几乎占上海市入选总数 71%。近年来，作为丝绸之路经济带的核心区，新疆发挥毗邻中亚地理、文化优势，大力拓展中亚地区图书市场，虽然新疆的出版、发行能力在全国并不占优，但新疆出版机构在"丝路书香工程"中的表现却较为亮眼，入选图书数量位居全国第 5 位（见表 3 - 5）。

从入选"丝路"项目图书作者的情况看，"人民日报评论部"入选图书数量 36 册，其推出《习近平讲故事》《习近平用典》等图书被译成俄语、英语、法语、西班牙语等多种语言，在全球范围内广泛发行，从一个独特角度向世界讲述当代中国治国理政的理论与实践。此外，入选图书数量较多的作者，其推出的作品多为儿童文学、科幻文学作品。譬如，中国著名儿童文学家曹文轩有 25 册作品入选，在国际上享有盛名的科幻文学作家刘慈欣有 12 册作品入选。此外，中国古典哲学研究者陈来的入选作品也较多，达 11 册。从学科类属看，这几位作者的图书作品基本属于政治、文学和哲学学科，而这几个学科的图书在全部入选图书中的占比也同样位居前列（见表 3 - 5）。

（三）语种及区域

在"丝路"图书输出语种中，阿拉伯语图书数量高达 337 册，位居榜首，紧随其后的是英语和俄语图书，分别达 260 册和 222 册。据统计，在"一带一路"沿线国家，"以英语、阿语、俄语和中文为官方语言的国家同中国贸易量的总和达到 58%，其他语种贸易总量占'一带一路'沿线国家总贸易量的 42%"。因此，阿拉伯语、英语和俄语这 3 个通用语种图书数量较多体现出"丝路书香工程"资助重点和"一带一路"经贸格局的内在相通性。与此同时，由于非通用语种国家在"一带一路"经贸格局中也占据十分重要的位置，因此，历年"丝路书香重点翻译项目"也资助了不少非通用语种的图书翻译项目，输出语种数量总数达 60 种。值得注意的是，大多数"一带一路"国家民族、语言情况错综复杂，不仅有"官方语言、国语、主体民族语"，还有大约 30 种"由政府认可的，对国家政治、经济、文化、安全等各个领域的发展至关重要"的"关键土著语言"。[①] 根据本研究的统计，除了柏柏尔语、库尔德语、达里语、鞑靼语、俾路支语、以班图语、阿非利卡语，目前，"丝路"图书输出语种已实现对其他关键土著语言的覆盖，覆盖率高达 80%（见表 3-6）。

表 3-6 "丝路"图书输出语种

语 种	频次（册）	语 种	频次（册）
阿拉伯语	337	哈萨克斯坦语	68
英语	260	印地语	63
俄语	222	波兰语	60
越南语	121	蒙古语泰语	46
土耳其语	72	吉尔吉斯语僧伽罗语	41

（四）学科及主题

本书依据中国图书馆图书分类法的分类标准，对全部输出图书的一级类目和二级类目进行了统计分析，发现"丝路"图书覆盖了中国图书馆图书分类法全部 22 个一级类目，以及 73 个二级类目，学科分布十分广泛。输出图书数量超过 100 册的学科有 5 个，其中 I（文学）类、D（政治、法律）类和 K（历史、地理）类图书最多，分别高达 403 册、358 册和 355 册，紧随其后的 F（经济）类、T（工业技术）类图书输出数量也都超过 100 册。从一级学科类目看，P（天文学、地球科学）类、E（军事）类、Z（综合性图书）类和 S（农业科学）类输出图书数量最少，都少于 5 册。若将 E（军事）类和 Z（综合性图书）类图书排除在外，"丝路"图书覆盖的人文社科类和理工类数量相同，均为 10 个，但除了 T（工业技术）类、R（医药、卫生）类图书数量相对较多外，其他理工类学科图书数量都不多，理工类学科输出图书总量只占人文社科类学科图书数量的 13.7%（见表 3-7）。

[①] 徐启豪. 加强"一带一路"沿线关键土著语言研究［N］. 社会科学报，2018-9-13（5）.

表 3 - 7　"丝路"图书所属学科及子学科

一级学科类目	二级学科类目	一级学科类目	二级学科类目
I（文学）	I1、I2	U（交通运输）	U2、U4、U6
D（政治、法律）	D0、D5、D6、D8、D9	A（马克思主义、列宁主义、毛泽东思想、邓小平理论）	A7
K（历史、地理）	K1、K2、K3、K81、K89、K9	O（数理科学和化学）	O1、O4、O5
F（经济）	F0、F2、F3、F4、F5、F6、F7、F8	V（航空、航天）	V2、V4、V5
T（工业技术）	TB、TD、TE、TH、TL、TK、TM、TN、TP、TQ、TS、TU、TV	Q（生物科学）	Q5、Q7、Q9
J（艺术）	J1、J2、J3、J5、J6、J7、J8、J9	X（环境科学、安全科学）	X3、X5
B（哲学、宗教）	B0、B1、B2、B8、B9	N（自然科学总论）	NO、N4
G（文化、科学、教育、体育）	G0、G1、G2、G4、G8	S（农业科学）	S0、S1、S2、S5
H（语言、文字）	H0、H2、H1、H3、H4	Z（综合性图书）	Z1、Z2、Z3
R（医药、卫生）	R0、R2、R7	E（军事）	E1、E2、E8
C（社会科学总论）	C9、C95	P（天文学、地球科学）	P1、P2、P3、P4、P5

若进一步从图书主题观察，可以发现入选的图书，具有三个方面的重要特征（见图 3 - 3）：

其一，中国文学与文化类图书是"丝路"图书的主体，但文学类图书偏重当代，文化类图书偏重传统。入选"丝路"项目的 403 册文学类图书涵盖中国古代文学、中国现代文学、中国文学研究等多个主题，但这些主题的图书主要集中在《西游记》《儒林外史》《围城》等经典性作品图书，数量和品种数都远不及入选数量分别为 202 册和 151 册的中国当代文学、中国儿童文学图书。与文学类图书偏重当代不同，中国文化类图书则偏重传统，既包括多个版本的中国文化史或中国文化概说，如《中国文化

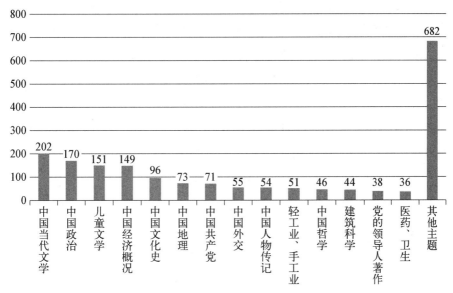

图 3 - 3　"丝路"图书主要涉及的主题

ABC》《中国文化常识》等，也包括中国古代哲学的原典、注疏及讲义，如《论语译注》《孔学今义》等，此外还有一些中国文化与思想的研究著作，如《儒释道耶与中国文化》《龙凤呈祥：中国文化的特征、结构与精神》等。

其二，面向世界，讲好中国故事、中国经验，特别是讲好当代中国治国理政的探索与实践的理念得到凸显。当前，世界正处"百年未有之大变局"，随着全球新兴国家经济、技术及话语实力的增强，西方国家长期高举的"市场经济—自由民主"模式的有效性和全球吸引力明显减弱，与此同时，以"一带一路""人类命运共同体"等为核心，中国正以富有建设性的姿态稳步参与并推进全球政治经济治理体系的变革，更具包容性和可持续性"中国的治国理政经验拓展了发展中国家走向现代化的途径，给世界上那些既希望加快发展又希望保持自身独立性的国家和民族提供了新的借鉴。"① 正因为此，近年来，"相对于历史题材和传统题材，国际出版市

① 陈雪莲. 治国理政经验的国际传播——兼谈中国故事内容多元化构建［J］. 对外传播，2018（7）：7 - 9.

场对当代中国的关注成为最大的需求增量。"①可以发现,偏重于阐发中国道路的"硬核"图书正是"丝路"图书国际发行的一个亮点,例如《习近平谈治国理政》被译成21种语言在全球发行,截至2017年8月,累积发行量642万册,②"成为改革开放以来在海外最受关注、最具影响力的中国政治文献"③,《中国共产党怎样治理腐败问题》《中国共产党怎样解决发展问题》《中国共产党如何应对挑战》《中国共产党是怎样执政的》等书从多个视角阐发中国共产党治理国家的经验和探索。

其三,无论是文学、文化主题图书,还是经济、政治主题图书,"史论"与"概说"都是其最主要的编辑形式。在综合考虑发行方便和海外读者接受程度的基础上,"丝路"项目图书更多采取了"史论"或"概说"的编辑形态。一般而言,此类型的图书论述主线较为集中,既能在相对短小的篇幅内,帮助读者了解某一问题的来龙去脉和基本情况,也能为期待更深入认识问题的读者提供知识图谱和索引。据统计,虽然在全部的"丝路"图书中,经济类学科图书数量并不是最多的,但若从更为细致的图书主题来划分,中国经济概论主题图书的数量却十分亮眼,这一类图书总体性勾勒新时期中国经济发展的基本面貌(如《中国经济发展的轨迹》),或者讲深、讲透当代中国经济变革的关键议题(如《中国供给侧结构性改革》),或者针对影响中国经济发展的全局性问题进行释疑解惑(如《破解中国经济十大难题》),有效促进了中国经济故事的全球传播。

三、反思与展望

近年来,国内出版界显著加大"一带一路"国家和地区出版市场开拓力度,不仅为中国出版"走出去"的推进开辟了新的渠道,提升了中国出

---

① 易文娟. 我国主题出版"走出去"的成就与经验 [J]. 出版参考,2019 (9):26-28.
② 林婷婷.《习近平谈治国理政》累计发行 21 个语种共 642 万册 [EB/OL]. 人民网,2017-8-24.
③ 阮东彪.《习近平谈治国理政》国际传播研究态势 [J]. 湖南第一师范学院学报,2018,18 (1):50-55.

版的国际竞争力,也在无形中促进了中国故事的生产和全球传播,成效十分显著。然而,与"一带一路"倡议的战略性意义相比,中国出版"走出去"的工作仍然有待改进。

首先,"一带一路"出版合作是"一带一路"文明互鉴与民心相通建设的重要组成部分。当前,中央和地方各级政府,特别是新闻出版工作主管部门都积极制定相应的政策或规划,为中国出版"一带一路"走出去提供政策与资金保障。不过,由于不同层次、省份的政策目标、政策工具雷同度较高,中国出版"一带一路"走出去过程中的无序竞争现象较为常见。"一些出版社存在急于求成的急躁情绪,导致了一些输出产品和版权质量不高、内容低端,有损于中华文化的声誉。在某一输出国国内,中国出版社扎堆,自相残杀恶性竞争。在项目合作方面国内资源与国外设置未能充分共享。发展不平衡,有些国家过热,有些国家过冷等问题,突显无序。"① 这些现象的存在显然无助于中国出版国际竞争力的提升。

其次,虽然入选"丝路"项目的图书所属学科和主题包容万象,但究其大体,绝大多数都可谓中国主题图书。譬如,F(经济)类图书涵盖 8 个经济学二级学科门类,但却没有一本属于 F0(经济学)和 F1(世界各国经济概况、经济史、经济地理)的图书。这意味着几乎全部的经济类图书都是关于中国或中国某个行业、区域经济情况的介绍和研究。虽然中国主题图书的海外传播有助于增强国际民众对中国情况的了解,但"先进的世界观"才是"一个民族引领世界的首要贡献""如果一个民族没有比曾经引领世界的民族具有更先进的世界观,这个民族就无法走向世界,更不能引领世界"②。中国出版要真正地走向世界,就不能仅仅满足于提供中国主题的出版产品——这将把中国出版"走出去"窄化为中国主题出版物"走出去"——而应该推出更多探讨相关领域普遍性问题,或者基于中国的视角和方法,研究世界其他国家和地区的图书,提升中国出版在"解释世界"上的话语能力。

---

① 樊文. 柳斌杰:共建"一带一路"出版合作机制让出版走出去"走深走实"[N]. 国际出版周报,2019 - 8 - 12 (3).

② 张文木. 通过"一带一路"看世界治理体制的中国方案 [J]. 世界社会主义研究,2017,2 (8):26 - 28.

　　第三，虽然入选"丝路"项目的人文社科类图书和理工类图书数量相同，但和人文社科类图书比，理工科类图书不仅种类少，所覆盖的二级学科门类也很不丰富。即便是入选图书数量较多的 T（工业技术）类、R（医药、卫生）类图书，若仔细辨析，也会发现其中的大多数其实带有历史书籍或通识书籍的性质，与真正意义上的科技图书相去甚远。譬如，在 T（工业技术）类图书中，不少图书如《服饰史话》《图说中国古代四大发明：印刷术》虽然也会涉及轻工业、手工业等工业技术专门领域的科技问题，但图书的重点其实是在介绍中国传统文化，而这同样也是不少 R（医药、卫生）类图书如《中国文化·医药》《你了解中医学吗?》著述与发行的主要目的。

　　在上述分析的基础上，本研究认为，为进一步加强中国出版"走出去"工作，为"一带一路"倡议的顺利推进提供"出版支撑"，我国出版界可以从如下三方面努力，开创中国出版"一带一路"走出去的新局面。

　　第一，针对中国出版"一带一路"走出去缺乏整体规划的情况，我国首先应组织专业力量，对我国与"一带一路"国家出版合作发展现状进行深度调研，科学研判我国与不同国家出版贸易的增长空间。其次，我国应建立相应的部省协调机制，加强中央部委和相关省份在政策、规划制定过程中的协调与沟通，使得各个省份都能根据自身特点制定"一带一路"出版"走出去"规划。此外，我国还应顺应全球新闻出版产业发展趋势，积极推动融合出版、境外投资、人才培养等中国出版国际传播能力建设专门领域的规划工作，推动构建全方位、多层次、宽领域的"一带一路"出版"走出去"生态。

　　第二，重视理论研究书籍和国际问题研究书籍在"一带一路"国家的出版发行工作。长期以来，全球信息与知识流动往往由西方国家所主导，西方国家的知识界和出版界大量生产关于自身、关于他人、关于世界的知识，并借助强大的政治经济实力，以及全球出版发行能力，影响着世界上其他国家和地区人们对世界，乃至对自身的认识，相形之下，非西方国家的知识生产总体而言偏向于经验性、在地性。"一带一路"倡议及其背后的中国特色社会主义实践，作为"一个综合了历史文明和社会主义的机会，一个将独特性和普遍性、多样性与平等结合起来的计划……"① 内在地包含了某种全新的世界观和方法论。就此而言，更有价值也更全面的中国出版"走出去"，其所提供的就不应只是关于中国主题的出版产品，而应加大推动中国学术界理论研究、国际问题研究精品著作的策划编辑与全球发行，使中国出版"走出去"的过程真正能与带有中国主体性的世界观生发及全球政治经济秩序转型过程同向同行。

第三，利用"一带一路"倡议战略机遇，推进沿线国家科技出版合作与交流，促进中国科技出版产品"走出去"。科技创新在"一带一路"建设中发挥着重要的支撑和引领作用，而科技出版正是"一带一路"科技创新合作的重要环节。当前，"丝路书香工程"等"走出去"项目也对科技图书的翻译及版权输出提供了一定的支持，但总体而言，我国科技出版"一带一路"走出去的步伐不够积极，不仅"科技"含量不足，也缺乏针对性。因此，我国应在"重点翻译资助项目""一流科技期刊建设"等项目中，设立科技出版国际化建设专项，资助国内优秀科技图书、科技期刊在"一带一路"国家和地区的出版发行。此外，科技出版实力较强的出版机构也应加强与沿线国家科学界、出版界的合作，准确把握当地社会在科技领域的"痛点"和需求，组织编写有针对性的科技图书，促进我国科技成果在"一带一路"沿线国家的影响力及现实转化。

（原载《国际传播》2020 年 03 期）

---

① 汪晖. 两洋之间的文明（下）[J]. 经济导刊，2015（9）：14 - 20.

第四章

中国出版国际贸易发展
趋势与结构特征

联合国贸易和发展会议（UNCTAD，简称贸发会议）创始于 1964 年，是一个隶属于联合国的国际性机构。"作为联合国综合处理贸易和发展问题，以及金融、投资、技术和可持续发展等领域相关关问题的协同中心，贸发会议为推动发展进程、支持发展中国家应对全球化的挑战，并且尽可能从中获益作出了巨大贡献。"[①] 2008 年 8 月，贸发会议推出全球创意产品和服务数据库。目前，该数据库是全球收录范围最完整，也是最权威的创意产品和服务贸易数据库。该数据库提供了 200 多种文化遗产、艺术、媒体等方面的创意产品和服务的国际贸易数据[②]，其中包含了世界各国出版贸易的数据。

根据该数据库的分类标准，出版产业和贸易主要涵盖图书、期刊和其他出版物三个大类，其中每个大类又涵盖几个小的类别，具体如表 4-1 所示。

本书相关章节对出版贸易的讨论均遵循该数据库的分类标准，相关出版贸易原始数据也都取自该数据库。

[①] 孙伊然. 联合国贸发会议五十年：成就、局限与复兴 [J]. 国际论坛，2015，17（1）：1-8,79.

[②] 常驻联合国代表团发展组. 联合国贸发会议推出全球创意产品和服务贸易数据库 [EB/OL]. http://undg. mofcom. gov. cn/article/ddfg/200808/20080805728290. shtml, 2008-8-16/2020-3-30.

表 4 - 1　联合国贸发会数据库出版产品统计分类

出版（Publishing）	
书籍〔Books〕	
490110	书籍、小册子及类似的印刷品（Printed books, brochures, leaflets & similar printed matter, in single sheets, whether/not folded ）
490191	字典、百科全书（Dictionaries & encyclopedias & serial instalments thereof）
490199	其他书籍、小册子及类似的印刷品（Printed books, brochures, leaflets & similar printed matter〔excl. dictionaries & encyclopedias & serial instalments thereof〕, other than those in single sheets）
490300	儿童图画书、绘画或涂色书（Children's picture/drawing/coloring books）
报刊〔Newspaper〕	
480100	新闻纸（Newsprint, in rolls/sheets）
490210	每周至少出版四次的报纸，杂志（Newspapers, journals & periodicals, whether/not illustrated/containing advertising material, appearing at least 4 times a week）
490290	其他报纸、杂志（Newspapers, journals & periodicals, whether/not illustrated/containing advertising material, other than those appearing at least 4 times a week）
其他出版物〔Other Printed Matter〕	
490510	地球仪、天体仪（Globes）
490591	成册的各种印刷的地图及类似图表（Maps & hydrographic/similar charts of all kinds, incl. atlases, topographical plans, printed, in book form）
490599	其他各种印刷的地图及类似图表（Maps & hydrographic/similar charts of all kinds, wall maps, topographical plans & globes, printed, other than in book form）
490810	釉转印贴花纸（Transfers〔decalcomanias〕, vitrifiable）
490890	其他转印贴花纸（Transfers〔decalcomanias〕other than vitrifiable transfers）
490900	致贺或通告卡片 Printed/illustrated postcards; printed cards bearing personal greetings/messages/announcements, whether/not illustrated, with/without envelopes/trimmings

（续表）

其他出版物 (Other Printed Matter)	
491000	日历 (Calendars of any kind, printed, incl. calendar blocks)
491110	商业广告 (Trade advertising material, commercial catalogues & the like)

第一节　中国出版国际贸易规模特征

自 2003 年出版"走出去"实施以来，中国出版国际贸易的规模不断扩大，出版"走出去"步入快车道。根据上海交通大学"中国传媒国际竞争力研究"课题的研究，在 2003 年至 2012 年的十年间，中国出版产品的出口额增长 3.5 倍，平均年均增长率 19.3%，"出版物产品出口取得长足进步，一定程度上反映了中国出版物产品国际竞争力的提升。"[①]

然而，2013 年以来，中国出版出口贸易的增速明显放缓，增长最快的年份增长率也不超过 3%。2015 年，中国出版产品出口总额 3 178 431 877 美元，达到历史高点。2016 年，中国出版产品出口总额 2 842 770 342 美元，较前一年大幅下滑 10.56%，回落到 2012 年前的水平（见表 4-2、图 4-1）。

表 4-2　中国出版国际贸易出口额（2013～2017 年）　　　单位：美元

年　份	出版物产品出口总额	年 增 长 率
2013	3 094 929 268	—
2014	3 165 949 134	2.29%
2015	3 178 431 877	0.39%
2016	2 842 770 342	−10.56%
2017	2 927 886 600	2.99%

（数据来源：UNCTAD 创意经济数据库）

---

① 李本乾. 中国传媒国际竞争力研究报告（2015）[M]. 北京：社会科学文献出版社. 2015：83.

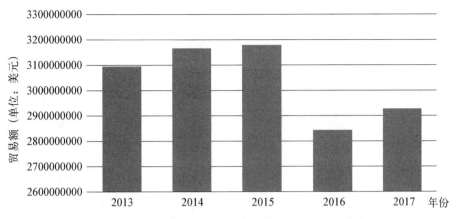

图 4 - 1　中国出版国际贸易出口额（2013～2017 年）

（数据来源：UNCTAD 创意经济数据库）

和出口相比，中国出版物产品进口贸易额较小，且经常性处于贸易顺差状态，在 2003 年至 2012 年间，贸易顺差额从 2.7 亿美元增长至 12.6 亿美元，这也在一定程度上体现出，中国出版产品在国际市场上具有一定的竞争优势。[①]

具体来看，在 2013 至 2016 年间，中国出版物年度进口总额还呈逐年缩小态势。2013 年，中国出版物产品进口总额为 1 794 736 410 美元，但到了 2016 年，这一数值仅为 1 368 483 548 美元，降低 426 252 862 美元。2017 年的出版物产品进口总额较 2016 年大幅增加 31.45%，达 1 798 902 939美元，但仍比 2013 年少 4 166 529 美元（见表 4 - 3、图 4 - 2）。

表 4 - 3　中国出版国际贸易进口额（2013～2017 年）　　　单位：美元

年　份	出版物产品进口总额	年 增 长 率
2013	1 794 736 410	—
2014	1 635 006 675	−8.90%
2015	1 583 711 245	−3.14%
2016	1 368 483 548	−13.59%
2017	1 798 902 939	31.45%

（数据来源：UNCTAD 创意经济数据库）

---

① 李本乾. 中国传媒国际竞争力研究报告（2015）［M］. 北京：社会科学文献出版社. 2015：83.

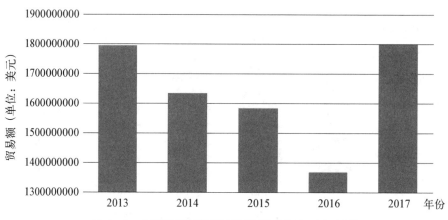

图 4-2　中国出版国际贸易进口额（2013—2017 年）

（数据来源：UNCTAD 创意经济数据库）

第二节　中国出版国际贸易产品结构

从产品结构看，图书是中国出版物产品出口的绝对主体。在 2003 年至 2012 年间，图书在中国出版物产品出口结构的占比均值在 60％以上，其中 2003 年的占比甚至高达 72.45％。[①] 虽然在 2013 年至 2017 年间，图书在中国出版物产品出口中的比重逐年下降，但其占比仍在 55％以上。报纸期刊在中国出版物产品出口中所占比重最低，且占比仍在逐年下降。2013 年和 2014 年，报纸期刊类占比为 2.6％，而到了 2016 年和 2017 年，占比已不足 1％（见表 4-4、图 4-3）。

表 4-4　中国出版物产品出口结构变化情况　　　　单位：百万美元

年份	图　书		报纸期刊		其他出版物	
	出口值	比　重	出口值	比　重	出口值	比　重
2013	1 796.10	58.03％	80.33	2.60％	1 218.50	39.37％
2014	1 869.27	59.04％	82.43	2.60％	1 214.25	38.35％
2015	1 795.03	56.48％	41.15	1.29％	1 342.25	42.23％

① 李本乾. 中国传媒国际竞争力研究报告（2015）［M］. 北京：社会科学文献出版社. 2015：87.

（续表）

年份	图　书		报纸期刊		其他出版物	
	出口值	比　重	出口值	比　重	出口值	比　重
2016	1 625.07	57.16%	25.63	0.90%	1 192.07	41.93%
2017	1 623.96	55.47%	21.76	0.74%	1 282.17	43.79%

（数据来源：UNCTAD 创意经济数据库）

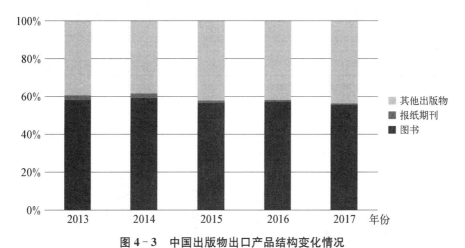

图 4 - 3　中国出版物出口产品结构变化情况

（数据来源：UNCTAD 创意经济数据库）

"中国传媒国际竞争力研究"团队曾关注到其他出版物在中国出版物产品出口中的占比逐年上升的现象，他们认为"这一趋势可能与世界范围内的产业技术变化有关，电子媒体兴起，导致纸媒的衰落。"[①] 这一判断是有道理的。在 2013 至 2017 年间，除了 2016 年以外，其他出版物在中国出版物产品出口结构中的占比延续了前些年增长的势头。2013 年，其他出版物占比为 39.37%，而到了 2017 年，占比已达 43.79%。随着世界范围内数字出版的快速发展，可以相信，其他出版物的占比还将进一步增长。

从中国出版物产品进口结构看，图书、报纸期刊和其他出版物的比例相对均衡。其中，报纸期刊的比重相对较高，图书进口的比重居中，而其他出版物的进口则相对较低。不过，这种分布也并不绝对。例如，在 2016 年，

---

① 李本乾. 中国传媒国际竞争力研究报告（2015）［M］. 北京：社会科学文献出版社. 2015：87.

图书和其他出版物的进口值都超过了报纸期刊进口值（见表4-5、图4-4）。

表4-5　中国出版物产品进口结构变化情况　　　　单位：百万美元

年份	图　书		报纸期刊		其他出版物	
	进口值	比　重	进口值	比　重	进口值	比　重
2013	464.33	25.87%	553.28	30.83%	777.13	43.30%
2014	451.01	27.58%	527.08	32.24%	656.92	40.18%
2015	486.64	30.73%	528.29	33.36%	568.78	35.91%
2016	562.41	41.10%	334.11	24.41%	471.97	34.49%
2017	645.66	35.89%	738.88	41.07%	414.36	23.03%

（数据来源：UNCTAD创意经济数据库）

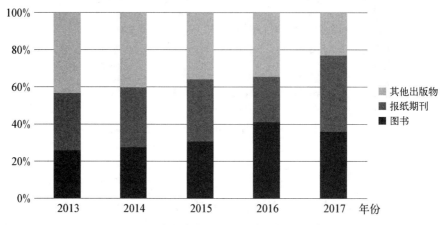

图4-4　中国出版物进口产品结构变化情况

（数据来源：UNCTAD创意经济数据库）

此外，值得注意的是，虽然每年我国出口报纸期刊较少，但进口的报纸期刊却在全部出版物产品进口中占比最高，这在一定程度上提示，出版界应加大优质报纸期刊建设力度，以更好满足国内受众这方面的需求。

第三节　中国出版国际贸易进出口结构

在中国出版国际贸易的基本格局中，图书一般处于贸易顺差地位。

在 2003 年至 2012 年间，中国图书产品贸易差额从 3.7 亿美元迅速增长至 15.8 亿美元，增长 3.3 倍。[1]

不过，2013 年以来，虽然图书产品仍保持贸易顺差地位，但贸易差额呈逐渐缩减，其中 2017 年的贸易差额只有 9.78 亿美元，大致相当于 2007 年的水平，这在一定程度上说明中国图书产品的国际竞争力有所下滑（见表 4-6、图 4-5）。

表 4-6　中国图书贸易差额变化情况　　　　　单位：百万美元

年份	中国图书出口总额	中国图书进口总额	贸易差额
2013	1 796.10	464.33	1 331.77
2014	1 869.27	451.01	1 418.26
2015	1 795.03	486.64	1 308.39
2016	1 625.07	562.41	1 062.66
2017	1 623.96	645.66	978.30

（数据来源：UNCTAD 创意经济数据库）

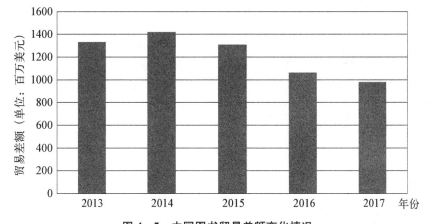

图 4-5　中国图书贸易差额变化情况
（数据来源：UNCTAD 创意经济数据库）

与图书产品一直保持贸易顺差不同，中国报纸期刊贸易差额起伏较大，"2006 年以前处于贸易逆差状态，2006～2008 年处于顺差状态，但

---

① 李本乾. 中国传媒国际竞争力研究报告（2015）［M］. 北京：社会科学文献出版社. 2015：88.

从 2009 年开始又进入贸易逆差状态。"①

而在 2013 年至 2017 年间,中国报纸期刊则一直处于贸易逆差状态,年均贸易差额达 4.86 亿美元。有研究者指出,中国报纸期刊长期处于贸易差额的状态,可能与网络信息技术的高速发展有关,"面对网络技术与信息通信技术的迅猛发展,报纸期刊首当其冲"②,但鉴于每年我国报纸期刊进口额仍基本保持稳定,可以认为,贸易逆差更体现了中国报纸期刊产品实际上较为缺乏国际竞争力(见表 4‐7、图 4‐6)。

表 4‐7   中国报纸期刊贸易差额变化情况   单位:百万美元

年份	中国报纸期刊出口总额	中国报纸期刊进口总额	贸易差额
2013	80.33	553.28	−472.95
2014	82.43	527.08	−444.65
2015	41.15	528.29	−487.14
2016	25.63	334.11	−308.48
2017	21.76	738.88	−717.12

(数据来源:UNCTAD 创意经济数据库)

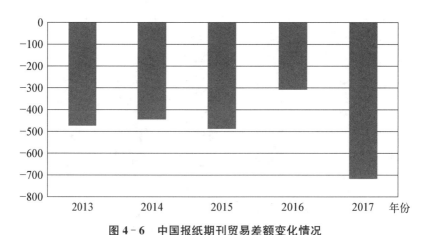

图 4‐6   中国报纸期刊贸易差额变化情况

(数据来源:UNCTAD 创意经济数据库)

① 李本乾. 中国传媒国际竞争力研究报告(2015)[M]. 北京:社会科学文献出版社. 2015:88.

② 李本乾. 中国传媒国际竞争力研究报告(2015)[M]. 北京:社会科学文献出版社. 2015:89.

在 2003 年至 2012 年，中国其他出版产品的国际贸易差额从 0.84 亿美元快速增长至 5.7 亿美元，增长 5.7 倍，这说明"在其他出版物产品出口方面中国具有竞争力优势"①。

2013 年，中国其他出版物贸易差额为 4.41 亿美元，较 2012 年有所回落。但 2014 年之后，基本呈不断增加态势，2017 年的贸易差额已达 8.88 亿美元，几乎是 2013 年贸易顺差额的两倍，这再次证明了中国其他出版物产品具有较强国际竞争力的结论（见表 4-8、图 4-7）。

表 4-8　中国其他出版物贸易差额变化情况　　　单位：百万美元

年份	中国其他出版物出口总额	中国其他出版物进口总额	贸易差额
2013	1 218.50	777.13	441.37
2014	1 214.25	656.92	557.33
2015	1 342.25	568.78	773.47
2016	1 192.07	471.97	720.10
2017	1 282.17	414.36	867.81

（数据来源：UNCTAD 创意经济数据库）

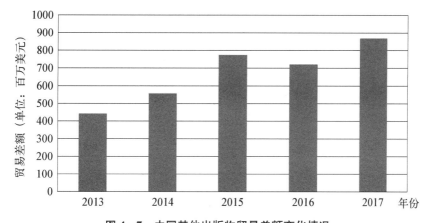

图 4-7　中国其他出版物贸易差额变化情况

（数据来源：UNCTAD 创意经济数据库）

---

① 李本乾. 中国传媒国际竞争力研究报告（2015）［M］. 北京：社会科学文献出版社. 2015：90.

延续了 2003 至 2012 年间的常态，中国出版物产品在 2013 至 2017 年间，也始终保持着贸易顺差的状态，2015 年的差额最多，达 15.947 2 亿美元，2017 年的差额最少，但也将近 11.3 亿美元（见表 4-9）。

表 4-9   中国整体进出口结构贸易差额变化情况   单位：百万美元

年份	中国整体 出口总额	中国整体 进口总额	贸易差额
2013	3 094.93	1 794.74	1 300.19
2014	3 165.95	1 635.01	1 530.94
2015	3 178.43	1 583.71	1 594.72
2016	2 842.77	1 368.48	1 474.29
2017	2 927.89	1 798.90	1 128.99

（数据来源：UNCTAD 创意经济数据库）

不过，和 2007 至 2012 年间的情况比起来，中国出版产品贸易顺差明显缩小。2012 年，中国出版产品贸易顺差值近 18.59 亿美元，比 2013 年至 2017 年的任一年份都多，而 2017 年的贸易顺差仅比 2006 年多 1.11 亿美元。这意味着，在国际出版市场上，中国出版贸易的实际竞争力其实有所下滑。

第五章

"一带一路"出版国际
贸易增长潜力研究

　　从 2013 年秋我国发出共建"一带一路"倡议以来，截至 2020 年 1 月底，已有 138 个国家和 30 个国际组织和我国签署了 200 份共建"一带一路"合作文件①，可以说，"一带一路"已经成为当今世界最热门，也最具开放性的全球公共产品和国际合作平台。

　　不过，根据研究界形成的共识，学界在讨论"一带一路"相关问题时，一般将古代丝绸之路范围所覆盖的国家称为"一带一路"国家，将其他与我国签署"一带一路"合作文件的国家称为参与"一带一路"建设的国家。因此，本书所讨论的"一带一路"沿线国家也主要指古代丝绸之路沿线的 64 个国家（见表 5 - 1）。②

表 5 - 1　本书所讨论的"一带一路"沿线国家范围

板　块	国　　家
东南亚 11 国	印度尼西亚、马来西亚、菲律宾、新加坡、泰国、文莱、越南、老挝、缅甸、柬埔寨、东帝汶
南亚 7 国	尼泊尔、不丹、印度、巴基斯坦、孟加拉国、斯里兰卡、马尔代夫
中亚 6 国	哈萨克斯坦、土库曼斯坦、吉尔吉斯斯坦、乌兹别克斯坦、塔吉克斯坦、阿富汗

---

　　① 已同中国签订共建"一带一路"合作文件的国家一览［EB/OL］. https：//www.yidaiyilu. gov. cn/gbjg/gbgk/77073.htm，2019 - 04 - 12/2020 - 04 - 07.

　　② 邹嘉龄，刘春腊，尹国庆，唐志鹏. 中国与"一带一路"沿线国家贸易格局及其经济贡献［J］. 地理科学进展，2015，34（5）：598 - 605.

（续表）

板　块	国　　家
西亚 18 国	伊朗、伊拉克、格鲁吉亚、亚美尼亚、阿塞拜疆、土耳其、叙利亚、约旦、以色列、巴勒斯坦、沙特阿拉伯、巴林、卡塔尔、也门、阿曼、阿拉伯联合酋长国、科威特、黎巴嫩
中东欧 16 国	阿尔巴尼亚、波黑、保加利亚、克罗地亚、捷克、爱沙尼亚、匈牙利、拉脱维亚、立陶宛、马其顿、黑山、罗马尼亚、波兰、塞尔维亚、斯洛伐克、斯洛文尼亚
独联体 4 国	俄罗斯、白俄罗斯、乌克兰、摩尔多瓦
非洲 1 国	埃及
东亚 1 国	蒙古

此外，根据联合国贸发会议全球创意产品和服务数据库的分类标准，出版产业和贸易主要涵盖图书、期刊和其他出版物三个大类，其中每个大类又涵盖几个小的类别，具体见表 4-1。

第一节　国别视野下"一带一路"
出版贸易格局研究

一、中国与蒙古出版贸易格局研究

蒙古地处亚洲中部，是我国的北方邻国，也是最早与新中国建立正式外交关系的国家之一。自中国于 2013 年提出"一带一路"倡议以来，蒙古国也提出了"草原之路"倡议。2014 年 9 月和 2015 年 7 月，中蒙俄三国首脑两次举行会议，共同决定促进中国"丝绸之路经济带"和俄罗斯"跨欧亚大铁路"、蒙古"草原之路"倡议的对接，打造中蒙俄经济走廊。[①] 出版交流与合作是"一带一路"倡议下中蒙合作的重要组成部分，近年来，在两国新闻出版界的共同努力下，中国与蒙古的出版合作不断取得新的

①　萨础日娜. 中国"一带一路"与蒙古国"草原之路"对接合作研究［J］. 内蒙古社会科学（汉文版），2016，37（4）：189-196.

突破。

2017年5月25日至27日，内蒙古自治区新闻出版管理部门领导一行应蒙古教育文化科学部邀请，赴蒙古访问交流，双方签订"纳荷芽"中蒙出版交流工程谅解备忘录。"纳荷芽"工程是内蒙古自治区"实施文化走出去战略"的标志性工程，被纳入《内蒙古自治区参与建设"丝绸之路经济带"实施方案》和《内蒙古自治区关于重点做好蒙古国友好工作实施方案》。自2015年启动以来，已推出《蒙古族动物寓言故事》《中国经典故事》等优秀蒙古文少儿读物，"共向蒙古国推送2800套共计70000册，覆盖蒙古国全部34家少儿图书馆。"[①] 内蒙古日报社所属索伦嘎新闻中心也正按照全媒体建设规划，与蒙古相关新闻网站和网络公司合作，"充分利用中国移动互联网技术和蒙古国斯拉夫蒙古语互联网技术"，共同研发建设"索伦嘎新闻网升级改造"全媒体项目，促进中蒙两国基于新媒体平台的新闻出版合作。[②]

随着互联网的发展，在蒙古，"数字媒体广受青睐"[③]，利用网络平台，促进中蒙新闻出版交流合作也成为不少业界人士的选择。譬如，作为拥有10个语种的国家重点外宣网站，近年来，中国网结合蒙古主题，推出了《蒙古国：大片草原被保护至今 没有一寸铁丝网》《蒙古国散记：不一样的草原》《直击蒙古国：马术训练感受速度与激情之美》等描绘蒙古独特草原风貌的稿件，加深了中国网民对蒙古国历史传统和文化特色的了解。[④]

从联合国贸发会创意经济数据库收录的中蒙出版贸易数据看，中国与蒙古的出版贸易覆盖了图书、报刊和其他出版物三大门类，但出口贸易规模不大。在2013年至2017年间，中国对蒙古的图书出口额为71.66万美元，报刊出口额为3.3万美元，其他印刷产品出口额为140.5万美元。

---

① 姜伯彦赴蒙古国推进"纳荷芽"中蒙出版交流工程 [J]. 数字传媒研究，2017，34 (5)：2.

② 金山. 全媒体合作：中蒙传播平台发展的新路径 [J]. 新闻论坛，2015 (1)：17-20.

③ 阿努达里·恩克图尔，王晓波. 蒙古国：数字媒体广受青睐 [J]. 中国投资（中英文），2019 (9)：58-59.

④ 张璇. 网络合作助力"一带一路"民心相通——第九届中蒙新闻论坛的思考 [J]. 对外传播，2018 (12)：56-57.

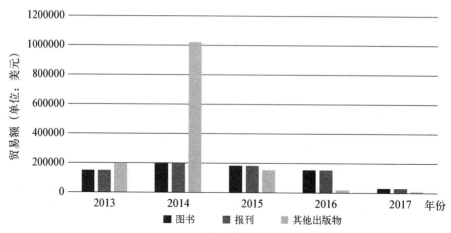

图 5 - 1　中国对蒙古出版产品出口规模

（数据来源：UNCTAD 创意经济数据库）

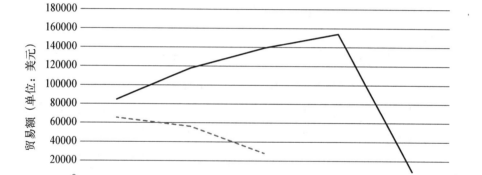

图 5 - 2　中国对蒙古主要图书类产品出口

（数据来源：UNCTAD 创意经济数据库）

　　具体而言，在图书产品上，中国对蒙古的出口最主要集中在 490119 类产品（其他书籍、小册子及类似的印刷品）和 490300 类产品（儿童图画书、绘画或涂色书）两个大类。在 2013 年至 2017 年间，中国向蒙古出口 490119 类产品 50.5 万美元，其中 2016 年的出口额最多，超过了 15 万美元，而 490300 类产品出口额为 17.2 万美元。

　　在报刊方面，中国向蒙古出口的主要是 480100 类产品（新闻纸），2013 年至 2017 年的出口总量约 1.98 万美元。而在其他印刷品方面，除了 490591 类产品（成册的各种印刷的地图及类似图表），其他几个类别都有向蒙古出口的记录,不过,部分产品如 490510 类产品(地球仪、天体仪)和 490810 类产品(釉转印贴花纸)只有 2014 年和 2015 年的出口记录。相对而言,中国向蒙古出口的 491000(日历)和 491110(商业广告)其他类印刷品较多,五年出口总额分别达到 4.53 万美元和 32 万美元。

二、中国与埃及出版贸易格局研究

中国和埃及都是世界文明古国,两国之间的出版交流与合作源远流长。近现代以来,由于同处"第三世界"阵营,双方的新闻出版交流不断深化。早在 20 世纪 50 年代中期,埃及新闻出版代表团就曾访问中国,并签署了埃及通讯社和新闻通讯社新闻和图片交换协议。在埃及的影响下,阿尔及利亚、索马里、苏丹等非洲国家的新闻出版工作者也陆续访华,带着"中国人民的友谊回到祖国"。[①] 从 2004 年开始,为实现外宣工作"三贴近"目标,中国外文局提出并实施了期刊本土化工程。作为该工程的标示性成果之一,今日中国杂志中东分社于 2004 年 10 月在埃及首都开罗成立,并在当地发行阿拉伯文版本,"成为我国首家在海外用当地文字出版发行期刊的新闻机构。"[②]

"一带一路"倡议提出以来,双方在新的地平线上,继续推进出版交流与合作。2017 年 10 月,获得"五个一工程奖"和"2016 中国好书"称号的《布罗阵邮递员》项目与埃及大学出版社签署出版合作,该书阿拉伯语版本获 2017 年上海市版权"走出去"优秀项目称号。[③] 2018 年,"中埃出版论坛暨中国少数民族文学作品阿文版首发仪式"在第 49 届开罗国际书展期间举行,将首批二十余种中国少数民族文学作品阿文版推向埃及市场,"这批作品集中展示了中国当代少数民族文学和少数民族生活,阿文版的出版可以让更多阿拉伯世界读者了解当下中国少数民族的生活状态和

① 贾鹏. 中埃电视媒体合作的前景展望 [J]. 阿拉伯研究论丛,2015(1):92 - 100.
② 侯瑞丽,谷棣. 中国外文局推行外宣期刊本土化新举措——《今日中国》在中东、拉美设立分社出版发行 [J]. 对外大传播,2004(10):8 - 11.
③ 上海市新闻出版局. 上海出版物对外版权贸易高速增长部分领域实现贸易顺差 [EB/OL]. http://cbj. sh. gov. cn/cms/realPathDispather. jsp? resId = CMS0000000009234295,2018 - 5 - 12/2020 - 4 - 21.

中国的民族政策，为双方合作奠定互信基石。"①

中国对埃及的出版产品出口同样覆盖了图书、报刊和其他出版物三大门类，但明显表现出偏重其他类出版产品的格局。在 2013 年至 2017 年间，中国共向埃及出口出版产品约 3 337.38 万美元，其中图书产品出口规模 454.89 万美元，报刊产品出口规模 11.62 万美元，其他出版物出口规模 2 871.16 万美元（见图 5 – 3）。

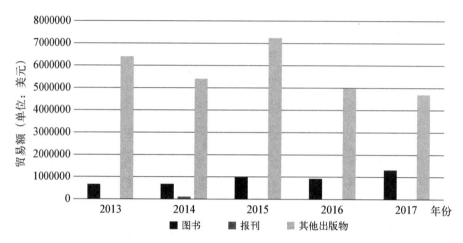

图 5 - 3　中国对埃及出版产品出口规模

（数据来源：UNCTAD 创意经济数据库）

具体而言，在图书产品方面，除了 490191 类产品出口规模较小，且时断时续，490110、490199 和 490300 类产品都形成了较为稳定的出口规模，五年间，中国共向埃及出口 490300 类产品 336.68 万美元，年均出口规模约 67.34 万美元。在报刊产品方面，中国向埃及的出口规模相当小，且都集中在 2013、2014 两年，2015 年以后则没有出口记录。

其他类出版物贸易是中埃出版贸易的重点，除了 490510、490890 类产品，中国在这一大类其他 6 个子类别出版产品上，每年都有向埃及出口的记录，其中 490591 类产品 2013 年至 2017 年出口规模合计 58.52 万美元，490599 类产品出口规模合计 14.75 万美元，490810 类产品出口规模合计 10.92

---

① 20 种中国少数民族文学作品阿文版于开罗书展首发［EB/OL］. http：//www. nrta. gov. cn/art/2018/1/30/art _ 114 _ 35676.html，2018 – 01 – 30/2020 – 04 – 21.

万美元,490900 类产品出口规模合计 58.52 万美元,491000 类产品出口规模合计 14.75 万美元,491110 类产品出口规模合计 10.92 万美元(见图5-4)。

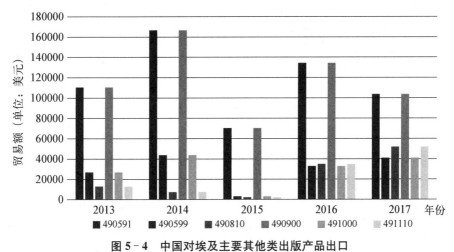

图 5-4 中国对埃及主要其他类出版产品出口

(数据来源:UNCTAD 创意经济数据库)

三、中国与俄罗斯出版贸易格局研究

俄罗斯是世界出版大国,2008 年以后,每年图书出版品种超过 12 万,位居世界第三位。[①]"中俄图书出版交流始于 20 世纪初俄国十月革命及中国'五四'新文化运动前后,两国开始大量翻译出版对方马克思主义著作。'二战'后到 1956 年是两国出版业交流的顶峰,中国共翻译出版了俄罗斯各类图书 1.24 万种,发行量达 1.91 亿册。"[②] 21 世纪以来,随着"俄语年""汉语年""中俄媒体交流年"等活动的开展,以及《2006~2007 中华人民共和国新闻出版总署与俄罗斯联邦出版与大众传媒署合作备忘录》《"中俄经典与现当代文学作品互译出版项目"合作备忘录》等出版合作协议的签署,两国出版交流的深入和广度不断得到拓展。[③]

"一带一路"倡议提出以来,中俄出版合作在前期基础上进一步发

---

① 刘淼. 中国主题图书在俄罗斯出版情况调查分析 [J]. 中国编辑,2015 (5):34-40.
② 王莺,徐小云. 俄罗斯图书出版业现状解读 [J]. 俄罗斯中亚东欧市场,2008 (1):45-50.
③ 谢清风. 中国出版走进俄罗斯的本土化策略分析 [J]. 中国编辑,2019 (12):58-62.

展。2017年，俄罗斯纸浆和纸张生产商与中国安徽出版集团签署战略合作协议。[1] 黑龙江出版集团依托与俄罗斯出版机构长期的合作关系，奋力开启对俄文化"走出去"新局面。例如该集团顺应互联网时代出版内容和载体革新的整体趋势，建设俄文版中国数字内容运营平台，"利用互联网技术打造跨境经营的中俄文化交流与服务平台，推动实现数字产品和服务'走出去'。"[2] 2019年6月，由中国国务院新闻办公室指导，中国外文局和俄罗斯中国友好协会主办的2019中俄全球治理圆桌论坛在莫斯科举行。在该论坛上，当代中国与世界研究院对《中国关键词："一带一路"篇》《中国关键词：治国理政篇》等中英、中俄对照版图书进行了展示和宣介，为希望了解中国的民众提供了既通俗又深刻的参考图书。[3]

2019年，为庆祝中俄建交70周年，山东出版集团组织出版机构和发行机构参加莫斯科国际书展，并举办"一带一路"图书版权贸易洽谈会等活动，该集团旗下的《贾平凹作品集》《中国》《红莓花儿开：相簿里的家国情缘》等多部重点图书成功举行新书发布和版权签约仪式。[4]

从出版贸易数据看，中国对俄罗斯的出口贸易额相对较大，在2013至2017年间，中国共向俄罗斯出口出版产品1.27亿美元。总体来看，图书产品出口在中俄出版贸易中占比最高，中国向俄罗斯出口的图书产品五年贸易总额为9443.18万美元，占出版产品出口总额的74.36%，而报刊产品的出口额则最少，五年出口总额166.79万美元，仅占出版产品出口总额的1.31%（见图5-5）。

具体而言，中国向俄罗斯出口的图书产品主要集中在490199和490300两类，这两类产品五年出口总额分别为3412.1万美元和5926.7万美元，分别占图书产品五年出口总额的36.13%和62.76%。在报刊出口方面，中国对俄罗斯的出口主要为490210类产品，该类产品五年贸易总额

① 刘红峰. 俄罗斯ILIM集团与中国安徽出版集团签署战略合作协议 [J]. 纸和造纸，2017，36（2）：46.
② 李久军. 黑龙江出版集团：开启对俄文化"走出去"新局面 [J]. 新阅读，2019（3）：45-47.
③ 李旭. 中国话语主题图书海外传播实践案例与启示——以《中国关键词》在俄罗斯的宣传和推介为例 [J]. 对外传播，2019（11）：21-22.
④ 刘艳霞. 山东出版亮相莫斯科书展推进中俄文化交流 [N]. 国际出版周报，2019-9-16（11）.

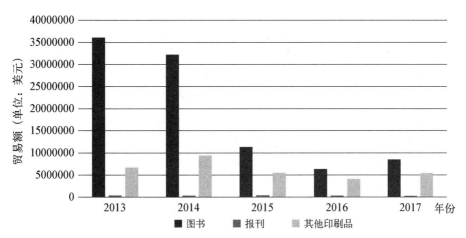

图 5-5 中国对俄罗斯出版产品出口规模

（数据来源：UNCTAD 创意经济数据库）

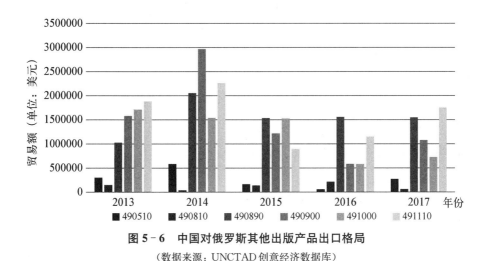

图 5-6 中国对俄罗斯其他出版产品出口格局

（数据来源：UNCTAD 创意经济数据库）

为 138.84 万美元，占报刊产品五年出口总额的 83.24%。在其他出版产品出口方面，除了 490591 类、490599 类产品，中国在其他类别产品方面，都有相对稳定的对俄出口记录（见图 5-6）。

四、中国与白俄罗斯出版贸易格局研究

白俄罗斯是首批支持"一带一路"倡议的国家，目前我国和白俄罗斯不仅

共同打造了"巨石工业园"示范性"一带一路"建设项目，在文化、广播电视、出版印刷等诸多领域的合作也十分密切。① 2015 年 2 月，在第 22 届明斯克国际图书展销会上，中国和白俄罗斯新闻出版管理部门签署《中国国家新闻出版广电总局与白俄罗斯新闻部关于"中俄经典图书互译出版项目"合作谅解备忘录》。② 此外，我国还在白俄罗斯等国家开展"中国书架"方案试点，通过在大型书店集中展销中国主题图书，满足当地居民了解中国的需求。③

在"一带一路"背景下，"中国图书对推广计划""经典中国国际出版工程"等项目也加大了对面向"一带一路"国家出版项目的资助。在 2011至 2017 年间，我国都未能实现向白俄罗斯等国的版权输出，但 2018 年以来，得益于上述项目的支撑，面向白俄罗斯的版权输出有了较为明显的提升。④ 从 2018 年开始，北京语言大学出版社采取"一国一策"策略，着力开拓"一带一路"国家出版市场，其与白俄罗斯等"一带一路"国家的自营出口增幅十分显著。⑤ 外语教学与研究出版社在白俄罗斯成立海外中心，从"出版、教育、文创三方面发力"，推进出版"走出去"的本土化运作，"形成出版、培训、线上线下有效互动的出版产业生态链。"⑥

中国与白俄罗斯的出版贸易总量较小，在 2013 至 2017 年间，中国共向白俄罗斯出口出版产品 52.76 万美元，其中包括图书产品 6.56 万美元，报刊产品 21.06 万美元和其他出版物产品 25.14 万美元。

五、中国与乌克兰出版贸易格局研究

"乌克兰地理位置优越，是连接独联体和欧洲两大市场的重要交通枢

①　王芳. 共建媒体合作的"信息丝绸之路"[J]. 中国报道，2016 (10)：36 - 37.

②　《中国国家新闻出版广电总局与白俄罗斯新闻部关于"中白经典图书互译出版项目"合作谅解备忘录》签字仪式在明斯克举行 [M] //柳斌杰，邬书林. 中国出版年鉴. 北京：《中国出版年鉴》杂志社有限公司，2016：244.

③　大力推动出版"走出去" [M] //彭森. 中国改革年鉴. 北京：中国经济体制改革杂志社，2019：358.

④　王珺. 十八大以来我国出版业国际传播能力建设情况综述 [J]. 科技与出版，2019 (2)：61 - 66.

⑤　赵帅，蒋欣悦，田朋. 国际汉语品牌教材走入海外国民教育体系 [J]. 出版参考，2019 (12)：85 - 87.

⑥　邵磊，魏冰. 创新求变，推动"走出去"高质量发展 [J]. 出版参考，2019 (12)：27 - 31.

纽"①,长期以来,我国与乌克兰保持着一定规模与层次的出版合作。2011年6月,国家新闻出版总署副署长带队访问乌克兰,与乌克兰广播电视和新闻出版主管部门领导进行了会谈,双方表示将"积极推动中乌新闻出版交流合作,大力支持和鼓励中国与乌克兰新闻出版单位之间开展版权贸易及现货贸易,并将在中乌图书互译、版权交换、相互参加书展等方面提供支持,促进中乌文化交流。"② 2012年,国家新闻出版总署和乌克兰国际广播电视委员会在乌克兰签署合作协议,商定从七个方面推动两国新闻出版领域的交流合作。③

"一带一路"倡议的提出为中国和乌克兰的出版合作注入了新的活力。仅2018年,山西出版传媒集团就将《杂病治疗大法》《闲雅集》等多种出版物的版权输出至乌克兰、俄罗斯等国家和地区。④ 北京语言出版社全方位开拓"一带一路"图书市场,乌克兰、马来西亚等"一带一路"沿线国家"2018年的自营出口率均实现大幅度增长与突破。"⑤ "中国当代作品翻译工程""中国作协当代文学对外翻译工程"等多项外译项目,显著加强了面向"一带一路"国家的翻译作品资助力度,"以中国作协当代文学对外翻译工程为例,2019年资助了20多种……当代文学经典作品,翻译输出到俄罗斯、乌克兰……等'一带一路'国家,为我国当代文学的对外传播搭建了重要平台。"⑥

和白俄罗斯相比,中国与乌克兰的出版贸易相对较多。在2013至2017年间,中国共向乌克兰出口各类出版产品1 012万美元,其中图书产品和其他出版产品出口额较多,分别为41.48万美元和59.09万美元,

① 夏海涵,王卉莲. 乌克兰出版业发展调研报告 [J]. 传媒,2017 (21):58-62.
② 阎晓宏副署长率中国新闻出版(版权)代表团访问保加利亚、乌克兰 [M] //柳斌杰,邬书林. 中国出版年鉴. 北京:《中国出版年鉴》杂志社有限公司,2012:333.
③ 中华人民共和国新闻出版总署与乌克兰国家广播电视委员会在乌克兰签署合作协议 [M] //柳斌杰,邬书林. 中国出版年鉴. 北京:《中国出版年鉴》杂志社优先公司,2013:296.
④ 张凤山. 山西出版传媒集团2018年工作 [M] //柳斌杰,邬书林. 中国出版年鉴. 北京:《中国出版年鉴》杂志社有限公司,2019:370.
⑤ 赵帅,蒋欣悦,田朋. 国际汉语品牌教材走入海外国民教育体系 [J]. 出版参考,2019 (12):85-87.
⑥ 甄云霞,王珺. 服务"一带一路"倡议推动国际出版合作高质量发展 [J]. 科技与出版,2020 (1):6-15.

报刊产品的出口额最小，仅约 4.29 万美元。

在图书产品出口方面，中国向乌克兰的出口主要集中在 490199 和 490300 类产品，这两类产品的五年出口总额分别为 28.95 万美元和 12.18 万美元，分别占图书产品出口总额 69.79％和 29.36％。而在其他出版产品出口方面，则以 490890 类产品出口额最多，该产品五年出口总额达 166.06 万美元，占其他产品五年出口总额的 28.1％。

六、中国与摩尔多瓦出版贸易格局研究

摩尔多瓦地处欧洲东南部，曾是苏联十五个加盟共和国之一，1991 年宣布独立，成立摩尔多瓦共和国。作为"一带一路"建设沿线国家之一，摩尔多瓦并非"一带一路"建设的关键节点，一般而言，对于"一带一路"倡议的实施不具备较强的影响力，但其作为"一带一路"通向欧洲国家的"必经国"，仍然在"一带一路"建设中发挥着独特的作用，不少研究者认为，"加强与摩尔多瓦学界及政府相关部门的互动交流"，对于联通"一带一路"倡议与摩尔多瓦本国发展战略，具有重要的促进作用。

就出版交流与合作而言，早在 2007 年，国家新闻出版总署就应中国驻摩尔多瓦大使馆的邀请，组织国内少儿出版读物参加摩尔多瓦国际书展，一举获得"摩尔多瓦文化和旅游大奖"，并"在当地产生强烈反响。"[1] 目前，我国正加强与摩尔多瓦就国家间自由贸易协定展开谈判，这些谈判将为两国版权贸易合作奠定更为切实可行的制度框架。[2] 此外，以中国—亚洲出版博览会的举办为契机，新疆与摩尔多瓦等国家陆续启动"出版发展与合作"项目，目前"每两年举办一次的中国—亚欧出版博览会"，已经成为"我国与各国出版交流合作的新平台"，新疆也"通过到周边国家举行中国书展，巩固和发展与周边国家人民的友谊，展示

① 陈英明. 2007 年全国新闻出版对外交流与合作工作［M］//柳斌杰，于友先，邬书林. 中国出版年鉴. 北京：《中国出版年鉴》杂志社有限公司，2008：60 - 62.
② 刘慧，马治国. 中国自由贸易协定中的版权战略构建研究［J］. 大连理工大学学报（社会科学版），2020，41（3）：108 - 114.

了中国改革开放的新形象。"①

从出版贸易数据看,中国与摩尔多瓦的出版贸易额不大。在 2013 至 2017 年间,中国向摩尔多瓦出口的各类出版产品总额仅约 22.83 万美元,其中包括 18.36 万美元图书产品和 4.47 万美元其他出版产品。

在图书产品出口中,中国向摩尔多瓦的出口又主要集中在 490199 和 490300 两类产品,这两类产品的五年出口总额分别为 10 万美元和 8.19 万美元。而在其他出版物产品出口方面,中国向摩尔多瓦的出口则最主要集中在 491110 类产品,该类产品的五年出口总额为 3.84 万美元,约占其他出版物产品出口总额的 85.9%。

七、中国与阿尔巴尼亚出版贸易格局研究

近年来,面向阿尔巴尼亚等国图书市场,中国国际广播电台推出多套中国文化系列丛书,填补了当地中国文化书籍的空白。2015 年,中国国际广播电台还与中外多家出版机构联合推出《习近平经典引句解读》阿文版,该书被阿尔巴尼亚各大图书馆收录。② 2017 年 9 月,中国国务院新闻办公室、中国外文局等机构在巴尔巴尼亚首都举行《习近平谈治国理政》阿尔巴尼亚文版首发仪式,在当地引起广泛反响,"增进阿尔巴尼亚人民对中国的了解和认识,推动'一带一路'框架下的民心相通,进一步促进中阿友好与合作。"③

2018 年,内蒙古音乐团体"安达组合"赴摩尔多瓦首都参加第 52 届迎春花国际音乐节,受到当地媒体和民众的重视和欢迎。④ 在荷兰国际广播电视设备展览会(IBC)上,北京市广电局积极组织北京广电科技企业

① 徐幼军. 我国与"一带一路"沿线国家图书出版合作项目的三大特色 [J]. 全国新书目,2015(5):20-23.
② 曲宁. CRI "Ejani" 品牌在阿尔巴尼亚的传播与发展 [J]. 国际传播,2018(1):63-69.
③ 《习近平谈治国理政》意大利、阿尔巴尼亚文版先后首发 [M] // 柳斌杰,邬书林. 中国出版年鉴. 北京:《中国出版年鉴》杂志社有限公司,2018:231-232.
④ 墨日根高娃,张少宇. "一带一路"背景下内蒙古民族音乐对外文化交流与传播 [J]. 艺术评鉴,2020(6):166-167.

参展，"用科技赋能广电，发出中国广播电视科技企业的最强音"，在为期5天的交流活动中，接待美国、加拿大、俄罗斯、摩尔多瓦等国家和地区观众2 000余人次，并与有关国家和地区企业界认识就深化交流与合作进行了深入的交流。①

从出版产品贸易情况看，中国对阿尔巴尼亚出口的出版产品主要为图书和其他出版产品。在2013至2017年间，我国共向阿尔巴尼亚出口图书产品140.62万美元，出口其他出版产品90.84万美元。不过，从我国与阿尔巴尼亚出版产品贸易发展整体态势看，2013年以来，图书产品出口额趋于下降（见图5-7）。

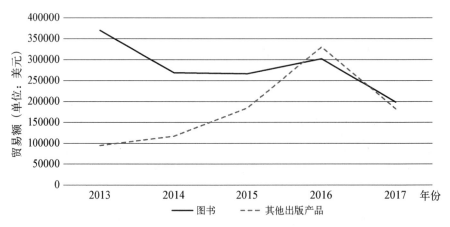

图5-7 中国对阿尔巴尼亚出版产品出口格局

（数据来源：UNCTAD创意经济数据库）

具体来看，在图书产品出口方面，我国在490191和490300两类产品的出口方面，有相对稳定的出口记录，两类产品的五年出口总额分别为47.41万美元和45.44万美元。而在其他出版物产品出口方面，中国对阿尔巴尼亚的出口主要集中在490900、491000和491110三类产品，五年出口总额分别为37.87万美元、29.91万美元和6.21万美元（见图5-8）。

---

① 中国广电欧洲上演华彩乐章 北京科技企业集体亮相 IBC2019 [J]. 广播与电视技术，2019，46（10）：119-121.

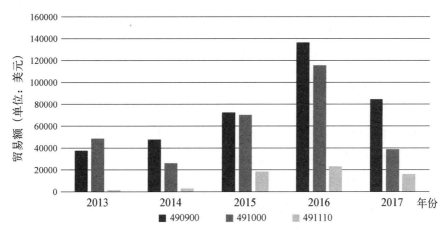

图 5 - 8 中国对阿尔巴尼亚主要其他出版物产品出口格局

（数据来源：UNCTAD 创意经济数据库）

八、中国与波黑出版贸易格局研究

与中东欧国家的出版合作是我国参与和推进"一带一路"出版合作交流的重要组成部分。虽然自"一带一路"倡议提出以来，我国与中东欧国家的出版贸易规模有一定程度的增加，但增幅并不算大。此外，我国与中东欧不同国家出版交流合作的密切程度不完全一致，譬如，相对而言，我国与波黑的出版交流就较为薄弱。[①] 不过，近年来我国和波黑两国的出版合作也还是取得了一些可喜的进展。

2014 年，"丝路书香工程"立项后，浙江出版集团结合自身优势，与包括波黑在内的多个"一带一路"国家建立了更为密切的合作关系。[②] 外研社也同样在"丝路书香工程"框架下加强面向波黑等国的图书输出，借助自身深厚的译者资源积累，促成吉狄马加诗集、演讲集等图书在波黑等国的出版发行。[③] 2016 年，恰逢北京国际图书博览会创办 30 周年，图博会

---

① 杨依鸣，付海燕. 中国出版业向中东欧地区贸易推进策略研究 [J]. 北京印刷学院学报，2020，28（2）：21 - 24.

② 百果果. 多彩的一步，难忘的十年——浙江出版联合集团"走出去"侧记 [J]. 出版广角，2015（7）：52 - 53.

③ 外研社"一带一路"出版战略为更多优秀图书走出去铺平道路 [J]. 全国新书目，2015（7）：10 - 11.

吸引 35 个"一带一路"国家参会，占沿线国家总数的 53％，其中波黑等国更是首次参加展览。[①] 2018 年 8 月，中国—中东欧国家出版联盟在北京举行启动仪式，作为联盟的成员，波黑读书俱乐部出版社也参与了启动仪式，该联盟在我国与中东欧国家版权贸易方面发挥着积极的促进作用。[②]

从出版贸易数据看，中国与波黑的贸易总量不大。2013 至 2017 年，中国向波黑出口的各类出版产品总额不到 14 万美元，其中图书产品五年出口总额约 8.26 万美元，其他出版物产品出口总额约 4.96 万美元。

在图书产品出口方面，中国向波黑的出口主要集中在 490199 和 490300 两类产品，这两类产品的五年出口总额分别为 3.94 万美元和 4.32 万美元，分别占图书产品出口总额的 47.7％和 52.3％。中国向波黑出口的其他出版物产品主要为 491110 类产品，该类产品五年出口总额为 2.94 万美元，占其他出版物产品出口总额的 59.27％。

九、中国与保加利亚出版贸易格局研究

我国与保加利亚的出版合作由来已久。早在 1952 年，由国际书店提供的中国书刊就"跟随中国国际贸易促进委员会赴保加利亚展出"，这是"新中国出版物首次在国外进行展出"。[③] 改革开放以来，中国图书进出口公司也较多地选择了通过开办书展的形式，促进中国出版产品的海外销售，保加利亚也是其中一个重要的书展举办地。

"一带一路"倡议提出以来，我国出版机构从多个领域拓展了与保加利亚的出版合作。2017 年，外研社与保加利亚东西方出版社合建的中国主题编辑部挂牌成立，"这是外研社在海外成立的第一家中国主题编辑部"。成立以来，编辑部已出版 13 部图书，并建成"中保书界"网站，为两国读者了解彼此的优秀作家和作品，开辟了新的通道。[④] 从 2014 年开始，《习

---

① 张纪臣. BIBF30 年国际化核心就是推动走出去 [N]. 中国出版传媒商报，2016 - 8 - 23 (19).
② 杨晓芳. 中国—中东欧国家出版联盟启动仪式在京举行 [J]. 中国出版，2018 (16)：78.
③ 贾强. 中国书刊海外发行 70 年：初心、使命与担当 [J]. 出版发行研究，2019 (12)：17 - 20.
④ 邵磊，魏冰. 创新求变，推动"走出去"高质量发展 [J]. 出版参考，2019 (12)：27 - 31.

近平谈治国理政》第一卷、第二卷先后进入保加利亚等国市场，为当地读者了解当代中国治国理念和发展现状提供了便利条件。①

在 2013 至 2017 年间，中国向保加利亚出口的出版产品总额约为 344 万美元，其中图书产品和报刊产品五年出口总额相近，分别为 166.7 万美元和 170.3 万美元，报刊产品出口总额最少，仅约 7 万美元，占出版产品出口总额的 2.03%。

在图书产品出口方面，中国向保加利亚的出口主要集中在 490199 和 490300 类产品，这两类产品五年出口总额分别为 65.41 万美元和 95.75 万美元，分别占图书产品五年出口总额的 39.24% 和 57.44%。在其他出版产品出口方面，除了 490591 类和 490591 类产品，中国都有对保加利亚的出口记录。不过，不同产品年度出口额变动幅度很大，比如，2013 年中国共向保加利亚出口 490810 类产品 62.96 万美元，但随后几年都没有该产品的出口记录。又如 490890 类产品，2013 年的出口额为 23.6 万美元，但随后几年的最高出口额仅为 2014 年的 9.75 万美元。

十、中国与克罗地亚出版贸易格局研究

在历史上，克罗地亚等东欧和苏联国家曾经是我国图书对外发行的重点国家和地区，但 20 世纪 80 年代末 90 年代初，一些历史上行之有效的发行渠道受到严重破坏。从 20 世纪 90 年代中期开始，我国与克罗地亚等国的出版交流与合作逐步恢复。1995 年，中国国际图书贸易总公司与克罗地亚三家大书商达成合作意向，特别是 ALGORITAM 公司于 1995 年当年就订购"各类外文书、画册 600 余册。"② 2011 年，国家新闻出版总署与克罗地亚共和国文化部在萨格勒布共同签署了《中华人民共和国新闻出版总署与克罗地亚共和国文化部合作谅解备忘录》，双方约定"在新闻、出版、印刷、发行、版权保护等领域开展多种形式的交流与合作，鼓励两国出版机构翻译出版对方国家优秀图书，参加对方国

---

① 张怡琼. 外语版"文化中国"丛书出版与全球销售推广 [J]. 出版参考，2019（12）：88-91.

② 杨志军. 不断开拓东欧书刊市场 [J]. 对外大传播，1996（3）：51-52.

家举办的国际书展"。①

近年来，受益于"一带一路"倡议的实施，两国出版交流与合作不断深化。2017 年 11 月，中国图书进出口（集团）总公司参加了第 40 届克罗地亚国际图书与教育展，参展图书"既有研究当代中国发展道路和发展成就的主题类图书，也有当代文学、原创绘本和传统文化类书籍"，此外，还有多册"一带一路"主题英文图书集中亮相。② 2018 年 8 月，中国—中东欧出版联盟（16＋1 出版联盟）在北京成立，首批成员单位包括克罗地亚桑多夫出版社等多家知名出版机构，该联盟将在"加强信息沟通、推动版权贸易、拓展营销渠道、构建人才队伍等方面发挥积极作用"。③

从出版贸易情况看，中国与克罗地亚之间的出版贸易集中在图书和其他出版物产品两大类。在 2013 至 2017 年间，中国共向克罗地亚出口出版产品约 326.78 万美元，其中图书产品贸易额为 184 万美元，其他出版物产品贸易额约为 142.78 万美元（见图 5‑9）。

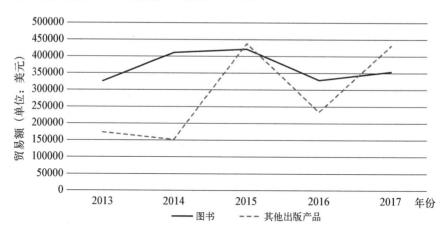

图 5‑9　中国对克罗地亚出版产品出口格局

（数据来源：UNCTAD 创意经济数据库）

---

①　孙寿山副署长在萨格勒布共同签署《中华人民共和国新闻出版总署与克罗地亚共和国文化部合作谅解备忘录》［M］//柳斌杰，邬书林. 中国出版年鉴. 北京：《中国出版年鉴》杂志社有限公司，2012：330.

②　《中国图书亮相第 40 届克罗地亚国际书展》［M］//柳斌杰，邬书林. 中国出版年鉴. 北京：《中国出版年鉴》杂志社有限公司，2018：305.

③　杨晓芳. 中国—中东欧国家出版联盟启动仪式在京举行［J］. 中国出版，2018（16）：78.

具体到图书贸易方面，中国与克罗地亚的贸易主要集中在 490199 和 490300 两类产品，这两类产品的五年贸易总额分别为 98.43 万美元和 85.23 万美元，分别占图书产品贸易总额的 53.5％和 46.3％。在其他出版物产品贸易方面，除了 490591 和 490599 两类产品外，中国与克罗地亚在其他几类产品方面都有出口记录。不过，部分产品的年度出口额波动幅度较大，例如 491000 类产品 2013 年和 2016 年的出口额分别为 2 974 美元和 5 456 美元，但 2017 年的出口额则将近 7 万美元。

十一、中国与捷克出版贸易格局研究

20 世纪 90 年代，国内多家出版机构就已开始积极参加捷克主办的国际书展，国家文化交流和出版合作主管部门也积极推动我国与捷克的出版交流。例如，从 1995 年开始，捷克开始主办年度性的布拉格国际图书博览会。在 1997 年的第三届布拉格国际图书博览会开幕前夕，《出版参考》等出版类报刊专门刊文予以推介，鼓励国内出版机构积极参展。[①] 同年 6 月，由文化部外联局牵头，北京外国语大学承办的捷克共和国图书展在北京外国语大学开幕，相关领域领导、学者和师生应邀参加了图书展。[②] 2012 年 6 月，中国福建"闽侨书屋"在布拉格揭牌成立，该书屋不仅对公众免费开放，还举行了一系列传播中华文化的活动，为中捷出版交流合作开辟新的渠道。[③]

"一带一路"倡议提出以来，两国出版交流合作得到进一步发展。2016 年 3 月，《习近平谈治国理政》研讨会在捷克首都布拉格众议院举行，中捷双方 200 多人参与研讨，增进了捷克社会各界对当代中国社会主义建设理论与实践的了解。[④] 2018 年新春，中国主题图书展在包括捷克在内的中东欧四国同时启动，吸引了四国 128 家书店参与展销，同时

① 晓舟. 第三届布拉格国际图书博览会将举办 [J]. 出版参考，1997 (8)：15.
② 王鹏. 捷克共和国图书展 [J]. 东欧，1997 (3)：40.
③ 中国福建"闽侨书屋"在捷克布拉格举行揭牌仪式 [M] //柳斌杰，邬书林. 中国出版年鉴. 北京：《中国出版年鉴》杂志社有限公司，2013：291.
④ 《习近平谈治国理政》研讨会在捷克布拉格举行 [M] //柳斌杰，邬书林. 中国出版年鉴. 北京：《中国出版年鉴》杂志社有限公司，2017：184.

有 100 面广告视频"滚动播放英文版《习近平谈治国理政》第一、二卷和其他与中国历史、政治、文化等内容的图书信息",对我国与捷克等国的文化交流起了积极促进作用。① 此外,在保加利亚中国主题编辑部的带动下,外研社"中国故事系列"、《中国文化读本》等多种经典图书的克罗地亚语、亚美尼亚语等版本陆续出版。②

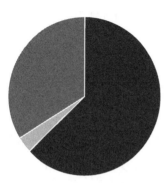

■ 图书产品　■ 报刊产品
■ 其他出版物产品

图 5-10　中国对捷克出版产品出口格局

（数据来源：UNCTAD 创意经济数据库）

在 2013 至 2017 年间,中国共向捷克出口出版产品 1 479.29 万美元,其中图书产品和其他出版物产品出口额较多,分别为 929 万美元和 500.6 万美元,而报刊产品出口额则相对较少,仅为 49.69 万美元,占比 3.36%(见图 5-10)。

具体到图书贸易方面,中国对捷克的出口主要集中在 490199 和 490300 两类产品,这两类产品的五年出口贸易总额分别为 604.6 万美元和 320.6 万美元,分别占图书产品出口总额的 65.1% 和 34.5%。在报刊产品贸易上,中国对捷克的出口主要为 490290 类产品,该类产品五年出口总额为 43.73 万美元,占报刊产品出口总额的 88%。在其他产品出口方面,中国对捷克的出口则以 491110 类产品居多,该类产品五年出口总额超过 174 万美元,占比 34.76%(见图 5-11)。

十二、中国与爱沙尼亚出版贸易格局研究

近年来,中国与中东欧国家的出版交流与合作日益密切。2014 年,中国与中东欧国家代表团互访,同时与捷克、匈牙利等多个国家互办艺术展,此外,爱沙尼亚等国家在北京、天津等 6 个中国城市巡演"中东欧艺

---

① 付晓. 2018 年新春中国主题图书中东欧四国联展在华沙启动 [J]. 中国会展（中国会议）, 2018 (4)：27.

② 苗强. 从版权输出到海外中心建设——外研社国际汉语出版中心的"走出去"之路 [J]. 出版参考, 2018 (6)：25-27.

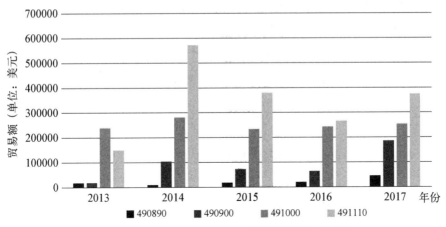

图5-11　中国对捷克其他出版物产品出口格局
（数据来源：UNCTAD创意经济数据库）

术节之2014波罗的海艺术节"共35场。[①] 在"一带一路"倡议推动下，北京国际图书博览会采取多种措施吸引"一带一路"国家出版商参加展览，2016年，"一带一路"国家参展数占沿线国家总数的53%，爱沙尼亚等多个国家首次亮相国家书展。[②]

近年来，随着我国童书出版质量的提升，其在中国出版"走出去"格局中扮演的角色也愈加重要。2016年4月，中国儿童文学作家曹文轩荣获"国际安徒生奖"，其代表作《草房子》《细米》等多部作品被翻译成英文、法文、爱沙尼亚文等多国文字，畅销海外。[③] 此外，为响应国家"丝路书香工程"，外研社也启动了"丝路国家工程"，"致力于丝路国家优秀图书、文化的'引进来'和中国文化的'走出去'，打造以出版为核心的多语种中外交流平台"。

中国与爱沙尼亚的出口贸易主要集中在图书产品和其他出版物产品，报刊产品则没有出口记录。据统计，2013至2017年间，中国共向爱沙尼亚出口图书产品81.93万美元，出口其他出版物产品53万美元，出版产品五年出口总额约为135万美元。

---

① 张艺兵. "一带一路"背景下的中国—中东欧出版交流与合作［J］. 出版发行研究，2017（8）：18-22.

② 张纪臣. BIBF30年国际化核心就是推动走出去［N］. 中国出版传媒商报，2016-8-23（19）.

③ 申琳. 创新中国童书"走出去"的模式［J］. 出版广角，2018（13）：33-35.

在图书产品出口贸易方面，中国出口爱沙尼亚的主要为 490300 类产品，该类产品五年出口贸易总额约 57 万美元，占比 69.57％。而在其他出版物产品出口方面，中国向爱沙尼亚的出口则主要集中在 490890 和 491110 两类产品，这两类产品的五年出口总额分别为 20 万美元和 21 万美元，占比分别为 37.73％和 39.62％。

十三、中国与匈牙利出版贸易格局研究

2018 年，外研社与匈牙利利苏特出版集团合作建立"中国主题编辑部"，这是外研社在中东欧地区建立的第 3 个海外编辑部，该编辑部将"依托中匈两大出版社的优质资源，相互推介和翻译优秀的文学、文化作品，为实现中匈两国文化的双向交流搭建桥梁"。① 2018 年 8 月，中国—中东欧国家出版联盟在北京成立，联盟以"推动 16＋1 出版合作、促进中国和中东欧国家出版文化双向交流为宗旨"，将在中国和中东欧国家间的信息沟通、版权贸易等方面发挥积极作用，匈牙利利苏特出版集团也是联盟的重要一员。② 作为当代中国科幻文学的杰出代表，刘慈欣的《三体》在较短时间内，就被翻译成匈牙利语等多国语言，受到世界各国读者的欢迎。③

外文出版社坚持从"向世界说明中国"走向"影响和引导世界关注"的国际出版理念，从 2015 年开始，已获批"丝路书香工程重点翻译资助项目"59 项，合作方包括匈牙利等 12 国共 13 家出版社。④ 浙江出版传媒机构在"一带一路"指引下，积极推动"浙版书香和浙江影视走向海外"，深化了与匈牙利等中东欧国家和墨西哥等拉丁美洲国家的交流合作。⑤ "经典中国国际出版工程"不断增加对匈牙利文等"一带一路"国家小语种翻

① 外研社"中国主题编辑部"落户匈牙利 [M] //柳斌杰，邬书林，主编. 中国出版年鉴. 北京：《中国出版年鉴》杂志社有限公司，2019：351.
② 中国—中东欧国家出版联盟成立 [M] //柳斌杰，邬书林，主编. 中国出版年鉴. 北京：《中国出版年鉴》杂志社有限公司，2019：355.
③ 张丽燕，韩素梅."全球场"：出版走出去的逻辑起点与路径层次 [J]. 中北大学学报（社会科学版），2020，36（4）：131—135，139.
④ 徐步. 中国主题图书从这里走向世界 [N]. 中国新闻出版广电报，2019‐8‐19（T07）.
⑤ 出版广播影视对外交流取得成果 [M] //吴伟平. 浙江年鉴. 杭州：浙江年鉴社，2018：409‐410.

译出版项目的资助力度,热门小说如《狼图腾》等在该项目的资助下,成功发行匈牙利语等多语种版本。①

在 2013 至 2017 年间,中国共向匈牙利出口出版产品 540 万美元,其中包括图书产品 288.7 万美元和其他出版物产品 251.5 万美元,报刊产品则没有相应的出口记录。

在图书产品贸易方面,中国向匈牙利的出口主要集中在 490199 和 490300 两类产品,这两类产品五年出口总额分别为 141.8 万美元和 145 万美元,占比分别为 49.1% 和 50.2%。在其他出版物产品出口方面,则集中在 490890、490900、491000 和 491110 四类产品,其中以 491110 类产品出口额居多。五年间,中国共向匈牙利出口 491110 类产品 86.77 万美元,占比 34.5%(见图 5 - 12)。

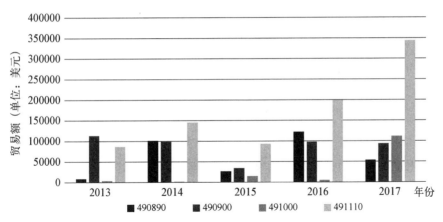

图 5 - 12 中国对叙利亚主要其他出版物产品出口格局

(数据来源:UNCTAD 创意经济数据库)

十四、中国与拉脱维亚出版贸易格局研究

2010 年 9 月,安徽时代出版传媒集团收购了拉脱维亚 S&G 印刷公司,这是"中拉两国在拉脱维亚成立的首家合资企业"。② 在 2016 年的北京国

---

① 蒋欣. "经典中国"主题出版走出去问题与对策 [J]. 中国出版,2018 (23):28 - 32.

② 张志强. 屹然似五岳河水正汤汤——中国出版业十年回顾 [J]. 编辑之友,2012 (1):6 - 12,30.

际图书博览会上，中东欧国家设立联合主宾国活动区，借助书展的平台，安徽少年儿童出版社先后引进了拉脱维亚等多个中东欧国家绘本的版权，"帮助我们扩大了眼界……使我们了解绘本还有如此动人的形式和展现……"①

2018 年 8 月 23 日，中国与中东欧国家出版联盟，也即 16＋1 出版联盟在北京成立，拉脱维亚詹尼斯·洛奇出版社也是联盟发起单位之一。作为"面向中国—中东欧国家出版合作的非营利性行业联合组织"，联盟将"为中国和中东欧国家出版机构建立互学互鉴、互利共赢的可持续性沟通机制和合作平台"。② 在该联盟的推动下，商务印书馆等机构已经策划出版了《拉脱维亚语汉语词典》，以实际的成绩为深化中国和拉脱维亚的出版合作和文化交流作出了贡献。③

在 2013 至 2017 年间，中国与拉脱维亚的出版贸易主要集中在图书产品和其他出版物产品，且两大类产品的贸易额大致相当。在这一时间段，中国向拉脱维亚出口的图书产品总额约 196 万美元，而其他出版物产品的出口总额约 202 万美元。

在图书产品贸易方面，中国向拉脱维亚的出口主要集中在 490199 和 490300 两类产品，且两类产品的年度出口额都较为稳定。五年间，这两类图书产品的出口总额分别为 94.48 万美元和 101.1 万美元。在其他出版物产品方面，则以 490900 类产品为最多，五年出口总额达 80.7 万美元，占比 40.0％。

十五、中国与立陶宛出版贸易格局研究

因为联合国贸发委数据库没有收录中国与立陶宛出版贸易相关数据，故本书暂不讨论两国的出版贸易情况。

---

① 柳婷婷. 玩具书"走出去"，从国际书展开始的版权故事 [N]. 中华读书报，2019 - 8 - 21 (17).

② 中外出版交流　中国—中东欧国家出版联盟成立 [M] //柳斌杰，邬书林，主编. 中国出版年鉴. 北京：《中国出版年鉴》杂志社有限公司，2019：355.

③ 杨依鸣，付海燕. 中国出版业向中东欧地区贸易推进策略研究 [J]. 北京印刷学院学报，2020，28 (2)：21 - 24.

十六、中国与马其顿出版贸易格局研究

2010 年，《河南日报》联合中央电视台打造《少林海宝》文化创意产品，不仅成为"世博会授权的唯一剧情类动画"，还借助香港电视节、东京动漫节等多个国际节庆活动实现向马其顿等国的外文版权输出。① 湖南出版投资控股集团"走出去的领域和影响进一步扩大"，仅 2018 年就"实现版权输出及合作出版 281 项，56 个项目入选各类'走出去'扶持项目"，天闻数媒线上教育云课程等落户马其顿。②

在 2019 年法兰克福国际书展期间，中国出版机构与马其顿等"一带一路"沿线国家的非专业少儿出版社建立了合作。③ 在 2019 年 8 月落幕的第 26 届北京国际图书博览会上，儿童出版成为中国出版"走出去"的一大亮点，描写藏地文化的儿童文学精品图书《巴颜喀拉山的孩子》受到多国版权代理的青睐，并与马其顿出版社等国际出版机构签订马其顿文版权输出协议。④

在 2013 至 2017 年间，中国共向马其顿出口出版产品约 38 万美元，其中图书产品出口额相对较高，达 21.56 万美元，而其他出版物产品的出口额则约为 16.44 万美元。

在图书产品贸易方面，中国向马其顿出口的主要是 490300 类产品，该类产品五年出口总额为 17.25 万美元，占比 80%。而中国向马其顿出口的其他出版物产品则以 490890 类产品居多，该类产品五年出口总额为 13.85万美元，占比 84.2%。

十七、中国与黑山出版贸易格局研究

"一带一路"提出以来，我国与黑山共和国的出版合作也取得一些

① 景丽亚. "一带一路"视域下新媒体助力中国文化传播的策略探析——以中原文化为例 [J]. 长春大学学报，2020，30 (3)：71-75.

② 张天明. 湖南出版投资控股集团 2018 年工作 [M] //柳斌杰，邬书林. 中国出版年鉴.《中国出版年鉴》杂志社有限公司，2019：419-421.

③ 李琳. 中国主题图书国际关注度提升 [N]. 国际出版周报，2019-10-28 (10).

④ 韩梁. 中国原创童书走向世界的新趋势 [J]. 对外传播，2019 (12)：38-39.

发展，但总的来说发展程度不高，"对比 2017 年我国对中东欧各国的出版物贸易情况可以看出，我国对中东欧地区的出版物出口贸易主要集中在波兰、捷克、罗马尼亚等国家，对这三个国家的出版物出口额占到对中东欧地区总出口额的 67％左右……相比之下，对黑山、波黑、马其顿等国家的出版物出口额占中东欧地区总出口额比例不足 2％"。①

近年来，中央电视台海外传播中心大力推进在"一带一路"沿线国家和地区的落地工作，目前，其英语新闻频道已经进入黑山最大的电视运营商黑山电信公司 IPTV 平台等多个"一带一路"国家的主流播出平台。②在 2016 年第二十三届北京国际图书博览会上，中东欧 16 国集体亮相主宾国展台，"除了波兰、捷克、匈牙利等中国读者较为熟悉的国家，还有阿尔巴尼亚、拉脱维亚、黑山、马其顿等译介较少的国家展出他们的出版物和与中国的互译作品"。③

在 2013 至 2017 年间，中国共向黑山出口出版产品 6.59 万美元，其中图书产品出口总额为 2.84 万美元，其他出版物产品出口总额为 3.75 万美元。

十八、中国与罗马尼亚出版贸易格局研究

早在 1983 年，罗马尼亚就派代表对我国相关部门，以及人民出版社、人民文学出版社等出版机构进行了友好访问，相互交流了各自出版业发展基本情况，商定加强中国和罗马尼亚的出版界和文化节的友好往来。④ 1986 年，我国派出版代表团访问罗马尼亚，随行出版机构和罗马尼亚同行进行了深入的交流和探讨。⑤ 2011 年，中华人民共和国新闻出版

---

① 杨依鸣，付海燕. 中国出版业向中东欧地区贸易推进策略研究 [J]. 北京印刷学院学报，2020，28 (2)：21 - 24.
② 赵娟，李书藏，陈永庆. "一带一路"背景下的央视对外传播创新 [J]. 新闻战线，2017 (9)：21 - 25.
③ 齐力. 第二十三届北京国际图书博览会打造最具国际影响力的书展平台 [J]. 中国对外贸易，2016 (9)：54.
④ 黄贞. 罗马尼亚出版、版权专家应邀访华 [J]. 出版工作，1983 (7)：16.
⑤ 林穗芳. 罗马尼亚出版情况见闻 [J]. 出版与发行，1987 (6)：57 - 61.

总署与罗马尼亚文化和国家遗产部签署合作协议，共同声明"在出版、版权保护等领域开展多种形式交流与合作，鼓励两国出版机构翻译出版对方优秀图书"，^① 并共同组织其他出版交流活动，将两国的出版合作提升到更高的层级。

罗马尼亚是首批与我国签署共建"一带一路"谅解备忘录的国家，"一带一路"给两国出版交流合作注入新的动力。据相关研究，"一带一路"倡议提出以来，两国出版合作主要具有三方面特征。首先，"合作出版内容日益丰富""出版内容既涵盖文学作品，也涉及人物旅游"；其次，"合作出版机制有新突破"；最后，"国际书展成为合作出版的最盛大平台"。^② 例如，2016 年 11 月，中国担任第 23 届罗马尼亚高迪亚姆斯国际图书与教育展主宾国，在展会期间成功举行《习近平谈治国理政》等中国主题精品图书的推介活动。^③ 2018 年 2 月，中国主题书展在罗马尼亚等国同时启动，《习近平谈治国理政》第一、二卷成为此次联合书展征订数量最多的书籍。^④

在 2013 至 2017 年间，中国共向罗马尼亚出口出版产品 964.6 万美元，年均出口额约 192.92 万美元。其中，图书产品五年出口总额为 634.9 万美元，其他出版物产品出口总额为 329.72 万美元，分别占比 65.8% 和 34.2%。

在图书产品贸易方面，中国向罗马尼亚的出口主要集中在 490199 类和 490300 类产品，这两类产品的出口额分别约为 424 万美元和 210 万美元，占比分别为 66.8% 和 33.1%。在其他出版物产品出口贸易方面，以 491110 类产品出口总量居多。据统计，该类产品五年出口总额为 84.11 万美元，占比 25.5%（见图 5-13）。

---

① 孙寿山副署长在布加勒斯特共同签署《中华人民共和国新闻出版总署与罗马尼亚文化和国家遗产部关于合作的联合声明》［M］//柳斌杰，邬书林. 中国出版年鉴. 北京：中国出版年鉴社，2012：330.

② 崔斌箴. "一带一路"倡议背景下的罗马尼亚出版业［J］. 出版参考，2017（8）：34-35.

③ 《习近平谈治国理政》等系列著作推广会在罗马尼亚举办［M］//柳斌杰，邬书林. 中国出版年鉴. 北京：《中国出版年鉴》杂志社有限公司，2017：187.

④ 付晓. 波兰 2018 年新春中国主题图书中东欧四国联展在华沙启动［J］. 中国会展（中国会议），2018（4）：27.

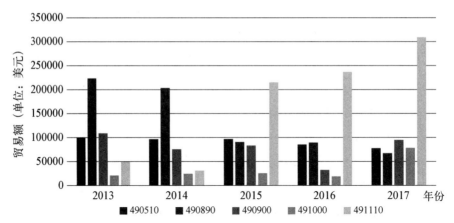

图 5 - 13　中国对罗马尼亚主要其他出版物产品出口格局
（数据来源：UNCTAD 创意经济数据库）

十九、中国与波兰出版贸易格局研究

中国与波兰出版机构长期保持着友好往来关系。1987 年 5 月，人民出版社应波兰书籍与知识出版社的邀请，访问波兰，共商出版合作。① 2011 年，安徽出版集团和波兰马赛雷克出版集团在波兰托伦签署资本合作签约仪式和"故宫博物院藏品大系丛书"全球同步新书发布会，此次签约开创了中国和波兰"文化产业界资本合作先河"，标志着出版"走出去"开始"从资本、项目、经贸'走出去'到'走进去''走上去'，真正走出国门，走进欧洲"。② 2013 年，国家新闻出版广电总局领导带队访问波兰等国，与波兰文化和遗产部等政府部门举行工作会谈。③

近年来，依托国际书展，中波两国的出版合作进一步推进。2016 年 6 月，在国务院新闻办公室推动下，中国外文局和华沙人文大学联合建立波

①　吴道弘. 人民出版社代表团访问波兰"书籍与知识"出版社［M］//方厚枢. 中国出版年鉴. 北京：中国书籍出版社，1988：141 - 143.
②　朱朱. 安徽出版集团扎根波兰撬动欧洲市场［J］. 出版参考，2011（21）：31.
③　阎晓宏率中国新闻出版（版权）代表团访问瑞典、芬兰、波兰三国［M］//柳斌杰，邬书林. 中国出版年鉴. 北京：《中国出版年鉴》杂志社有限公司，2014：289.

兰首个中国图书中心。^① 2017 年 5 月,中国出版图书巡回展在波兰华沙国际书展揭幕。作为 2017 "丝路书香工程"的重要子项,此次书展"为当地读者带去了 300 多种 500 多册中国图书"。^② 2018 年 2 月 8 日,上海新闻出版发展有限公司联合法国拉加代尔集团波兰公司在华沙肖邦机场的维珍书店举行中国主题书展启动仪式,^③ 这些举措不仅促进了中国和波兰的出版交流,对提升中国文化在中东欧地区的传播力和影响力也有积极的促进作用。

中国对波兰的出版产品出口主要集中在图书产品和其他出版物产品,报刊产品的出口较少。据统计,在 2013 至 2017 年间,中国共向波兰出口出版产品 3 085.94 万美元,其中图书产品和其他出版物产品的出口总额分别为 1 398.65 万美元和 1 661.14 万美元,而报刊产品的出口总额仅为 26.15 万美元,约占出版产品出口总额的 0.85%。

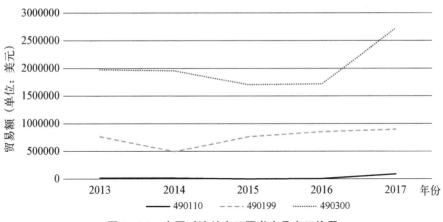

图 5-14 中国对波兰出口图书产品出口格局
(数据来源:UNCTAD 创意经济数据库)

中国向波兰出口的图书产品主要集中在 490199 和 490300 两类(见图 5-14),这两类产品的五年出口总额分别为 378.87 万美元和 1 007.72 万

① 波兰中国图书中心成立揭幕仪式在华沙举行 [M] //柳斌杰,邬书林. 中国出版年鉴. 北京:《中国出版年鉴》杂志社有限公司,2017:185.
② 中国主题图书巡回展走进波兰 [M] //柳斌杰,邬书林. 中国出版年鉴. 北京:《中国出版年鉴》杂志社有限公司,2018:299.
③ 付晓. 波兰 2018 年新春中国主题图书中东欧四国联展在华沙启动 [J]. 中国会展(中国会议),2018(4):27.

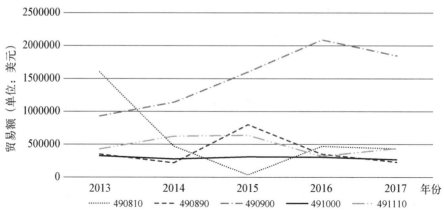

图 5 - 15　中国对波兰出口主要其他出版产品出口格局

（数据来源：UNCTAD 创意经济数据库）

美元，占比分别为 27.1% 和 72.0%。而在其他出版物产品出口方面，中国出口波兰的则主要为 490900 类产品，该类产品五年出口总额为 759.78 万美元，占比为 45.7%（见图 5 - 15）。

二十、中国与塞尔维亚出版贸易格局研究

2014 年，中国新闻出版广电总局领导带队访问塞尔维亚。在访问期间，双方签署《中塞互译出版项目合作协议书》等文件，并就推进落实第 59 届贝尔格莱德国际书展中国主宾国相关活动进行协商和讨论。[①] 同年 10 月，"中塞出版文化发展高端论坛"在塞尔维亚国家图书馆举行，两国新闻出版管理部门负责人和相关领域专家、学者参与了研讨。[②]

2014 年 10 月，《习仲勋画册》英文版首发式在塞尔维亚贝尔格莱德举行。[③] 2016 年，译林出版社获得中央文献出版社 2015 年出版的《我的七爸周恩来》外文版代理权，并将其翻译成塞尔维亚文等多国文字。该书塞尔

---

① 邬书林率团访问塞尔维亚 [M] //柳斌杰，邬书林. 中国出版年鉴. 北京:《中国出版年鉴》杂志社有限公司，2015：305.

② 中塞出版文化发展高端论坛在塞尔维亚国家图书馆举行 [M] //柳斌杰，邬书林. 中国出版年鉴. 北京:《中国出版年鉴》杂志社有限公司，2015：309.

③ 《习仲勋画册》英文版首发式在塞尔维亚贝尔格莱德举行 [M] //柳斌杰，邬书林. 中国出版年鉴. 北京:《中国出版年鉴》杂志社有限公司，2015：286.

维亚文版由译林出版社在"一带一路"国家的重要合作伙伴 AlbatrosPlus 出版社出版发行,该社曾将《中国经济的现代化》《中国未来十年改革之路》等图书介绍给塞尔维亚的读者。① 此外,译林出版社还将《此情无法投递》等图书输出至塞尔维亚,成为当地的畅销书籍。②

中国与塞尔维亚的出版贸易总量不算大。在 2013 年至 2017 年间,中国共向塞尔维亚出口各类出版产品 133.5 万美元,其中图书出版产品出口额为 90.84 万美元,其他出版物产品的出口额为 42.66 万美元。

在图书产品贸易方面,中国对塞尔维亚的出口主要为 490199 和 490300 类产品,总额分别为 54.36 万美元和 36.49 万美元,占比分别为 59.8%和 40.2%。在其他出版物产品方面,中国向塞尔维亚的出口主要集中在 490510、490890、490900 和 491110 四类,其中 490890 类产品五年出口总额最多,超过了 20 万美元,而 490510 类产品的总额最少,仅为约 3.1 万美元。

二十一、中国与斯洛伐克出版贸易格局研究

早在 20 世纪 90 年代初,斯洛伐克华人华侨联合会就发起创办了《中欧华报》(周刊),面向在斯洛伐克及周边国家发行,该报促进了中华传统文化在斯洛伐克华侨华人群体中的传承与传播。③ 2010 年,广东旅游出版社出版《玩全东欧》等旅行类书籍,"不仅提供了丰富实用的东欧咨询,也用情深意切的笔触介绍了东欧厚重的人文地理",为中国民众了解东欧文化与旅游信息提供了参考。④

"一带一路"倡议提出以来,两国出版合作在新的历史轨道上继续发展。中国大百科全书出版社与斯洛伐克奥拉出版公司就《中国儿童太空百科全书》达成版权合作协议,奥拉出版公司对未来两国在童书出版领域的

---

① 王玉强. 缅怀伟人,让世界聆听中国声音 [N]. 中华读书报,2019-8-21 (14).
② 赵薇. "一带一路"版权输出长效发展模式探究——以译林出版社为例 [J]. 出版广角,2019 (21):17-19.
③ 中欧华报 [M] //夏春平. 世界华文传媒年鉴. 北京:中国新闻社世界华文传媒年鉴社,2011:648.
④ 广东旅游出版社《玩全东欧》[M] //柳斌杰,邬书林. 中国出版年鉴. 北京:《中国出版年鉴》杂志社有限公司,2011:915.

合作寄予了厚望，"可以说，高品质的中国童书能够赢得国外读者的喜爱，未来也必将获得越来越多的推广渠道"。[①]

中国向斯洛伐克出口的出版产品主要为图书产品和其他出版物产品。据统计，在2013年至2017年间，中国共向斯洛伐克出口图书产品约79万美元，出口其他出版物产品约106万美元，两大类出版产品五年出口总额为185.58万美元。

在图书产品出口方面，中国出口斯洛伐克的主要为490199和490300两类产品，出口额分别为46.14万美元和33.23万美元。而在其他出版物产品出口方面，中国出口斯洛伐克的则主要为490900和491110两类产品，出口额分别为45.93万美元和46.14万美元。

二十二、中国与斯洛文尼亚出版贸易格局研究

在"一带一路"背景下，国内不少机构积极开拓与斯洛文尼亚的出版交流与合作。例如，译林出版社"与专业代理签约，用商业模式运作文学作家"，探索建立面向"一带一路"国家的版权输出长效机制，目前已成功将不少中国当代文学重要作品输出至斯洛文尼亚等国。[②]

2018年8月23日，中国—中东欧国家出版联盟，也即"16+1"出版联盟在北京正式成立。作为"面向中国—中东欧国家出版合作的非营利性行业联合组织"，出版联盟首批成员单位包括斯洛文尼亚索多诺斯特国际出版公司等多家中东欧出版机构，将在加强中国和中东欧国家出版机构"信息沟通、推动版权贸易、拓展营销渠道、构建人才队伍等方面发挥积极作用，增进各方人文交流和民心相通，为促进世界文化多样繁荣贡献积极力量"。[③] 在2020年新冠疫情防控背景下，新华报业传媒集团就"战"疫问题采访了来自斯洛文尼亚等26个国家的友好人士，通过他们的故事呈现出"各国人民携手抗击新冠肺炎疫情的真实样貌""成为重塑对外传播

① 张贺. 中国童书"走出去"的启示 [N]. 人民日报，2020-2-25 (5).
② 赵薇. "一带一路"版权输出长效发展模式探究——以译林出版社为例 [J]. 出版广角，2019 (21)：17-19.
③ 中国—中东欧国家出版联盟成立 [M] //柳斌杰，邬书林. 中国出版年鉴. 北京：《中国出版年鉴》杂志社有限公司，2019：355.

影响力的鲜活样本".①

在 2013 至 2017 年间，中国共向斯洛文尼亚出口出版产品 895.72 万美元，其中图书产品和报刊产品的出口贸易额分别为 378.11 万美元和 367.95 万美元，而其他出版物产品的出口则相对较少，为 149.66 万美元。

在图书产品出口方面，中国向斯洛文尼亚的出口最主要集中在 490199 和 490300 产品，这两类产品的五年出口总额分别为 135.96 万美元和 236 万美元，两者之和占图书产品出口总额的 98%。中国向斯洛文尼亚出口的报刊产品主要为 480100 类产品，其他报刊产品则没有出口记录。在其他出版物产品出口方面，中国向斯洛文尼亚的出口主要包括 490890、490900、491000 和 491110 四类产品，其中 490100 和 491110 两类产品出口相对较多，其五年出口总额分别达 54.93 万美元和 55.55 万美元。

二十三、中国与印度尼西亚出版贸易格局研究

中国与印度尼西亚出版交流的历史十分悠久。中华人民共和国成立以来，有关部门积极推动毛泽东著作的海外发行，其中第一本书就是用英、法、俄以及印度尼西亚文出版的《论人民民主专政》；1959 至 1963 年间，《毛泽东诗词》"出版了英、法、西班牙、荷兰、印地、印度尼西亚 6 种外文的十九首本和法文版二十一首本"；1976 至 1979 年间，"又出版了英、法、西班牙、阿拉伯、朝鲜、印度尼西亚等 6 种外文和汉英对照版的三十九首本".②

近年来，两国之间的出版合作在"一带一路"框架下得到新的发展。例如，中国和平出版社成立北极星工作室，整合国内外漫画、翻译、版权交易专业力量，以项目合作的方式大力推动原创动画的海外传播，其中《SOS 历险科学漫画》等精品绘本"还未正式出版就引起印度尼西亚出版机构的高度重视".③ 安徽出版集团投资建设"来买网""来买商城"海外

① 李宗长. 重塑对外传播影响力的一个鲜活样本——以新华报业系列报道"老外战'疫'记"为例 [J]. 城市党报研究，2020（6）：73－77.
② 郭选. 毛泽东著作外文版出版综述 [M] //方厚枢. 中国出版年鉴. 北京：《中国出版年鉴》杂志社有限公司，1994：229.
③ 林云. 童书有光照亮"和平"的未来 [N]. 国际出版周报，2020－6－1（12）.

电子商务平台，为中国出版产品的海外营销开辟新的空间，目前这两个商务平台的业务范围"覆盖欧洲、美国、印度尼西亚、马来西亚等多个国家和地区，已发展成为集图书、文房四宝、工艺品、各国特色产品于一体的综合性平台"。① 从 2016 年开始，北京语言大学出版社就启动了"一带一路"沿线国家汉语教材出版传播体系建设工程，"通过整合优质汉语教材出版资源，有体系、有计划地针对'一带一路'沿线国家推出满足不同程度、不同年龄和不同学习目标的汉语教材"，经过几年的努力，目前渠道建设成果已覆盖印度尼西亚等 21 个国家，"印尼自营出口年均增长率 20％左右"。②

　　从出版贸易数据来看，中国对印度尼西亚的出口主要集中在图书产品和其他出版物产品，其中在 2013 年和 2014 年，图书产品出口较多，分别达 1 479 万美元和 1 118 万美元，但 2015 年之后，图书产品出口规模下降较多，2017 年的图书产品出口值仅为 75 万美元左右。相对而言，其他类出版产品出口则较为稳定，2015 年出口规模最大，达 1 584 万美元，2013年出口规模最小，约 811 万美元（见图 5 - 16）。

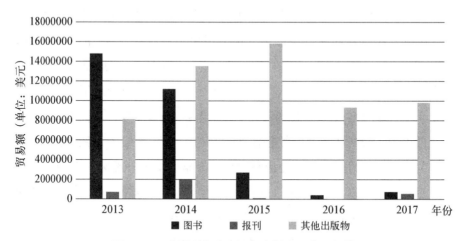

图 5 - 16　中国对印度尼西亚出版产品出口规模

（数据来源：UNCTAD 创意经济数据库）

　　① 莫国富. 安徽出版集团 2018 年工作［M］//柳斌杰，邬书林. 中国出版年鉴. 北京：《中国出版年鉴》杂志社有限公司，2019：405 - 407.

　　② 赵帅，蒋欣悦，田朋. 国际汉语品牌教材走入海外国民教育体系［J］. 出版参考，2019（12）：85 - 87.

从出版产品子分类情况看，中国对印度尼西亚的图书产品出口覆盖了 490110、490191、490199 和 490300 全部四个子类别。而在报刊出口方面，则主要集中在 480100 类产品，490290 类产品虽然也有出口记录，但除了 2013 年的出口额稍多外，2014 年至 2017 年的出口总额还不到 1 万美元，几乎可以忽略不计。在其他出版物产品出口方面，除了 490591 和 490599 类产品出口规模波动较大外，其他类别的出口规模相对稳定（见图 5-17）。

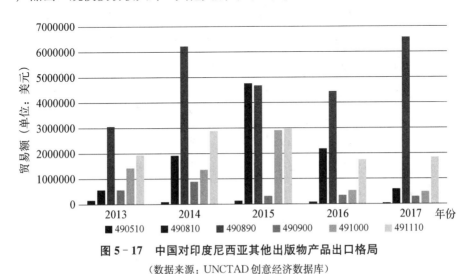

图 5-17 中国对印度尼西亚其他出版物产品出口格局

（数据来源：UNCTAD 创意经济数据库）

二十四、中国与马来西亚出版贸易格局研究

马来西亚华人众多，与我国长期保持较为密切的出版交流合作。2011年，黄河出版传媒集团和马来西亚国家图书发展基金会签署图书翻译出版及文化项目合作协议，议定共同推进中马图书出版交流合作。[①] 2012 年，第七届马来西亚海外华文书市在马来西亚首都吉隆坡举行，作为马来西亚海外华文书市中国馆合作单位，中国国际图书贸易集团为该馆提供了内容丰富的中国主题书籍。[②]

① 馨闻. 黄河出版传媒集团有限公司与马来西亚国家图书发展基金会签约 [J]. 出版参考，2011（16）：22.

② 杨琪. 年丰岁稔，中国图书绽放海外市场——2012 年图书对外交流再创新 [J]. 出版广角，2012（12）：39-40.

　　"一带一路"提出以来，中国和马来西亚的出版合作步入新的阶段。例如，浙江出版联合集团积极调整出版"走出去"格局，大力推进与马来西亚等"一带一路"沿线国家的出版合作，五十多个输出马来西亚的项目覆盖高中教材、古典名著、原创绘本、当代文学等多个类别。[①] 社会科学文献出版社和马来西亚汉文化中心共同发起成立"中马'一带一路'出版中心"，推动两国在文化、文学、翻译和出版物等相关领域的全方位合作。[②] 外研社也在多次调研马来西亚出版市场的基础上，启动马来西亚中心建设，作为该社的海外分支机构，探索出版"走出去"的新模式。[③]

　　从出版贸易数据看，中国向马来西亚出口的其他出版物产品较多，且出口额基本保持稳定，在 2013 至 2017 年间，2017 年的出口额最高，超过 1 815 万美元，最少的是 2016 年，出口额将近 1 390 万美元。相对而言，早年中国向马来西亚出口的图书较多，例如，2013 年图书出口额超过 3 369 万美元，但出口额逐年缩水，2017 年的图书出口额仅为 963 万美元（见图 5 - 18）。

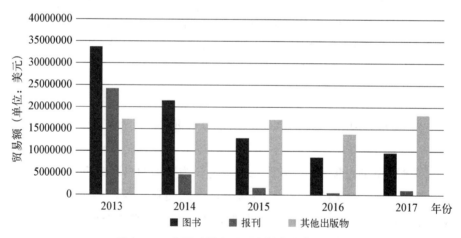

图 5 - 18　中国对马来西亚出版产品出口规模

（数据来源：UNCTAD 创意经济数据库）

---

　　① 朱勇良. 围绕国家"走出去"战略推进对外工作走在前列 [J]. 出版参考，2019 (12)：15 - 16.

　　② 汪汇源."中马一带一路出版中心"在吉隆坡揭牌成立 [J]. 世界热带农业信息，2018 (5)：49.

　　③ 苗强. 从版权输出到海外中心建设——外研社国际汉语出版中心的"走出去"之路 [J]. 出版参考，2018 (6)：25 - 27.

从出版产品子类别看，中国与马来西亚的图书贸易覆盖了全部 4 个图书产品子类别，而报刊的出口则主要集中在 480100 和 490290 类产品，490210 类产品只在 2014 年有 2.5 万美元的出口记录，其他年份则没有出口记录。而在其他出版物产品方面，除了 490591、490599 和 490890 类产品，我国对马来西亚的出口都保持着基本的延续性（见图 5-19）。

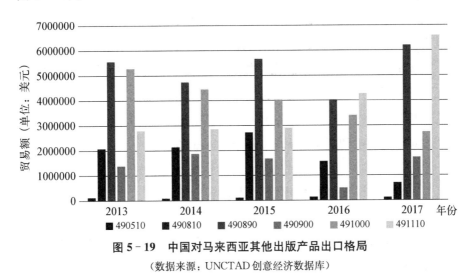

图 5-19 中国对马来西亚其他出版产品出口格局

（数据来源：UNCTAD 创意经济数据库）

二十五、中国与菲律宾出版贸易格局研究

早在 20 世纪 80 年代，中国和菲律宾就签署了新闻、出版和文化等领域的交流协定。1986 年 4 月，北京出版集团在中非文化协定框架下，对菲律宾相关新闻出版部门进行了友好访问，并受到菲律宾政府新闻部长、菲律宾图书发展协会等政府和民间人士接见，双方"就加强两国出版界之间的交往和合作交换了意见"。①

"一带一路"倡议提出以来，两国图书版权贸易得到进一步拓展。仅 2019 年，我国就有 80 多家出版机构携 1 万余种、3 万余册图书赴菲律

---

① 毛鹏. 中国出版代表团访问菲律宾［M］//方厚枢. 中国出版年鉴. 北京：《中国出版年鉴》杂志社有限公司，1987：102-103.

宾等国巡展。① 阅文集团等推动中国网络文学出海的领军企业，也顺应"一带一路"倡议，推动构建"多语种落地的全球化传播体系"，目前阅文集团的作品已经覆盖英语、西班牙语、菲律宾语等十多个语种，集团也"初步形成了网络文学全球化的传播体系，实现了大众文学网络影响力前所未有的提升。"② 此外，不少民营出版机构也为我国与菲律宾的出版交流与合作做出了贡献，例如，北京龙之脊文化传播有限公司在菲律宾首都马尼拉成立了文化传播有限公司，"以传统文化为教学内容，面向菲民众教授汉语"。③

在 2013 年至 2017 年间，中国共向菲律宾出口出版物产品 7 123.17 万美元，其中图书产品和其他出版物产品的出口总额较高，分别为 3 248.36 万美元和 3 793.4 万美元，占比分别为 45.6％和 53.25％。五年间，中国还向菲律宾出口了报刊产品约 81.41 万美元，占比 1.14％。

二十六、中国与新加坡出版贸易格局研究

1987 年，中国出版工作者协会（2011 年 4 月更名为中国出版协会）率领代表团访问新加坡，参加第二届世界华文书展。1989 年，出版工作者协会再次率团参加新加坡第四届世界华文书展，深度了解新加坡华文出版市场，提出加强出版合作的建议。④ 2012 年，"中国新加坡出版高峰论坛"在北京举行，两国首次在漫画出版领域签署合作协议，"来自两国的出版企业推动 1 000 本中国数字图书进入东南亚市场"。⑤ 2013 年国家新闻出版广电总局负责人在北京会见新加坡媒体发展管理局领导，双方商定进一步加强出版交流与合作。

---

① 王正."一带一路"背景下我国图书版权贸易的创新路径——以山东出版集团为例 [J].
出版广角，2020 (10)：40-42.
② 宗蕾. 对网络文学出海的观察与思考 [J]. 新阅读，2019 (12)：43-44.
③ 甄云霞，王珺. 服务"一带一路"倡议推动国际出版合作高质量发展 [J]. 科技与出版，2020 (1)：6-15.
④ 参加新加坡第四届世界华文书展所见、所闻、所为、所思 [J]. 出版工作，1989 (9)：90-95.
⑤ 中国新加坡出版高峰论坛在北京举行 [M] //柳斌杰，邬书林. 中国出版年鉴. 北京：《中国出版年鉴》杂志社有限公司，2013：290.

2015 年，第 30 届新加坡书展吸引中国多家出版社参加，参展的图书（报刊）包括文学、历史等多个学科类别，以及电子期刊、多媒体出版社等电子书籍。[①] 2019 年，山东出版集团选派 11 家图书出版、发行单位，组团参加第 34 届新加坡书展，举办"一带一路"图书版权贸易洽谈会，积极推动中国精品图书拓展新加坡和东南亚地区市场。[②]

从出版贸易数据看，中国与新加坡之间的出版贸易，不仅种类繁多，总量也较为可观。据统计，在 2013 至 2017 年间，我国共向新加坡出口出版产品超过 2 亿美元，其中图书产品出口额约 8 653 万美元，报刊产品出口额约 5 703 万美元，其他出版物产品出口额约 6 298 万美元。

二十七、中国与泰国出版贸易格局研究

1986 年，泰国图书出版发行者协会主席率领代表团访问中国，与中国外文出版发行事业局就加强双方书刊出版发行交流与合作交换了意见，同时与云南省文化厅出版处、云南人民出版社等政府和出版机构，就深化双方出版合作达成系列共识。[③] 1990 年，世界华文书展在泰国曼谷举办，中国出版工作者协会应泰国南美公司要求，派出代表团参会，与有关方面共商推进中泰新闻出版交流。[④] 2010 年，国家汉办驻泰代表处与泰国教育部高等教育委员会在曼谷举行泰国高教汉语图书展，"展出中国国家汉办提供的 300 多种、1 500 多册各类图书"，[⑤] 促进了汉语和中国文化在泰国的推广。

2017 年 9 月，泰国"中国图书展销"活动在曼谷南美书局开幕，"一大批反映中国改革发展理念，展示中国在政治、经济、文化和社会等方面

① 第 30 届新加坡书展开幕 [M] //柳斌杰，邬书林. 中国出版年鉴. 北京：《中国出版年鉴》杂志社有限公司，2016：245.

② 杨刚. 山东出版集团：以书展为契机深度调研新加坡出版业 [N]. 国际出版周报，2019-7-1 (6).

③ 泰国图书出版发行者协会代表团到云南访问 [M] //宁超. 云南年鉴. 云南：云南年鉴社，1987：633.

④ 石星. 泰国举办首届世界华文书展 [J]. 出版工作，1990 (7)：9.

⑤ 泰国举办汉语图书展 [M] //柳斌杰，邬书林. 中国出版年鉴. 北京：《中国出版年鉴》杂志社有限公司，2011：273.

取得的重大成就及与'一带一路'主题相关的图书集中亮相，为泰国民众了解当代中国发展现状、感知中华文化打开了重要窗口。"[①] 2017 年 11 月，随着东南亚中国图书巡回展泰国站系列活动的开幕，"五万余册中国图书首次通过境外跨国巡回展的方式在湄公河流域国家展开"，此次巡展的最大亮点是集中展览了《习近平谈治国理政》等一批集中阐释当代中国治国理政理论与实践的主题出版物，"为东南亚地区民众深入了解中国发展现状、感受中华文化打开重要窗口，提升中华文化在国际上的传播力和感召力。"[②] 此外，近年来，《中国报道》以泰国曼谷分社为支点，大力推进面向泰国和东南亚其他国家的文化交流渠道建设，"建立了与泰国政府新闻主管部门、媒体机构、智库、大专院校、民间团体等的良好关系。"2018 年 8 月，曼谷分社联合东盟数字经济研究院等多家机构共同举办"2018 东盟数字经济峰会"。2019 年 3 月，曼谷分社促成《中国关键词"一带一路"篇》泰文版首发式暨中泰高端智库对话会的召开。[③]

从出版贸易的数据看，中国对泰国出口其他出版产品最多，2013 年至 2017 年出口总额约 3 736 万美元，年均出口总额约 747 万美元。五年间，中国向泰国出口图书产品总额约 1 665 万美元，占其他出版产品出口总额的 45%。相对而言，中国向泰国出口报刊类产品较少，出口量最多的年份出口额也仅约 32.9 万美元，出口量最少的年份出口额约 1.8 万美元。

从各类出版产品子类别看，中国向泰国的出口的图书产品覆盖了 490110、490191、490199 和 490300 四个子分类，出口的报刊产品则主要集中在 480100 和 490290 两类，490210 类产品则仅在 2017 年有零星出口记录。而在其他出版物产品出口方面，除了 490591 类产品，其他 7 类产品的出口都较为稳定，但出口量较多的主要集中在 490810、490890、491110 三类。

① 2017 泰国"中国图书展销"活动在曼谷开幕 [M] //柳斌杰，邬书林. 中国出版年鉴. 北京：《中国出版年鉴》杂志社有限公司，2018：303 - 304.
② 首届东南亚中国图书巡回展泰国站在曼谷开幕 [M] //柳斌杰，邬书林. 中国出版年鉴. 北京：《中国出版年鉴》杂志社有限公司，2018：306.
③ 陈实. 中国报道社：走出去讲好中国故事 [N]. 中国新闻出版广电报，2019 - 9 - 10 (8).

二十八、中国与文莱出版贸易格局研究

21 世纪以来，虽然整体而言，我国与东南亚国家的出版交流合作程度不断加深，但出版物出口主要集中在新加坡、菲律宾等少数几个国家。在 2008 年至 2017 年间，"出口到新加坡的十年贸易总额达到 1.3 亿美元，占到对东盟地区总出口额的 31.09％；出口到菲律宾的贸易总额为 5 192 万美元，占到对东盟地区总出口额的 12.43％"，而对文莱等国的出口贸易额则十分有限，"出口到文莱的约 216.86 万元，仅占对东盟地区总出口额的 0.52％。"①

不过，受益于"一带一路"倡议，我国与文莱之间的出版合作仍产生了一些新的气象。例如，浙江少儿图书出版社打造"新前沿"品牌，积极推动原创图书"走出去"，目前，该社的原创绘本《我爱你》等已在文莱等八个国家出版发行。② 作为我国"走出去"重点出版单位和国家文化出口重点企业，五洲传播出版社发挥长期深耕小语种地区和国家出版市场的优势，面向"一带一路"国家，策划推出多种"一带一路"专题图书，该社 2014 年启动的"我们和你们"系列丛书已涵盖俄罗斯、文莱等，相关图书的出版发行"密切了中国与有关国家的人文联系，推动了新形势下双边外交和公共外交的进程。"③

从出版贸易数据看，我国对文莱的出口最主要集中在其他出版物产品。2013 年至 2017 年间，我国共向文莱出版其他出版物产品将近 491 万美元，约占总量的 87.96％。五年间，我国共向文莱出口图书产品 9.12 万美元，出口报刊产品 58.11 万美元。

从分类情况看，我国对文莱的图书产品出口集中在 490110 产品，其他 3 类图书产品则没有出口记录。我国对文莱的报刊产品出口集中在 480100 类产品，其他两类报刊产品没有出口记录。我国对文莱的其他出版

① 孙奇，付海燕. 中国出版物出口东盟地区贸易状况与对策研究 [J]. 北京印刷学院学报，2019，27 (11)：35 - 37，40.
② 袁佳. 浙少国际同步出版的那些事 [N]. 中华读书报，2019 - 8 - 21 (18).
③ 徐来. 做中外文化交流的专业使者——专访五洲传播出版社国际合作部主任姜珊 [J]. 全国新书目，2017 (11)：28 - 31.

物产品出口主要集中在 490810、490890、490900、491000 和 491110 五类。

二十九、中国与越南出版贸易格局研究

2010 年，广西出版传媒集团与越南教育出版社举行版权贸易洽谈会，签署了《广西出版传媒集团、越南教育出版社版权贸易战略合作协议》，根据协议，双方将"加强互访互动，重点开展图书版权贸易业务的交流与合作，还将尝试在东南亚国家开展图书版权贸易、合作出版等业务"。[①] 2012 年，重庆市新闻出版代表团访问越南，得到越共中央宣教部副部长的接见，双方就"如何加强文化交流与合作达成诸多共识，签订了一系列合作协议"。[②] 人民出版社也与越南国家政治出版社签署出版合作交流协议，根据协议，"双方互为版权委托代理，在国际出版、数字出版、人员培训等领域加强合作"，此外，"人民出版社将向越南国家政治出版社提供以中国政治、经济、文化题材为主的出版物。"[③]

2017 年 11 月，广西出版传媒集团首个海外阅读体验中心在越南首都河内正式启用，"为当地读者提供多维阅读空间，同时为中越双方文化交流搭建新平台，加深中越两国人民之间的友谊，得到越南政府有关部门的肯定和民众的欢迎。"[④] 华中科技大学出版社广泛开展各种类型的国际出版交流与合作，成功入选"2017—2018 年国家文化出口重点企业"，版权输出涵盖韩文、越南文等十多个语种。[⑤] 我国当代科幻文学的代表作《三体》的英语、越南语等多语版也成功出版发行，受到相关国家民众的热烈欢迎。[⑥]

---

① 广西出版传媒集团与越南教育出版社版权贸易洽谈会召开 [M] //柳斌杰，邬书林. 中国出版年鉴. 北京：《中国出版年鉴》杂志社有限公司，2011：275.
② 重庆加强与越南的文化交流与合作徐海荣率新闻出版代表团访越 [J]. 重庆与世界，2013（1）：12.
③ 人民出版社与越南国家政治出版社签署出版合作交流协议 [M] //柳斌杰，邬书林. 中国出版年鉴. 北京：《中国出版年鉴》杂志社有限公司，2011：273.
④ 广西出版传媒集团首个海外阅读体验中心在越南河内启用 [M] //柳斌杰，邬书林. 中国出版年鉴. 北京：《中国出版年鉴》杂志社有限公司，2018：305.
⑤ 杨玉斌. 肩负学术使命传播中国声音——以华中科技大学出版社国际化工作为例 [J]. 科技传播，2020，12（11）：24 - 25.
⑥ 张丽燕，韩素梅. "全球场"：出版走出去的逻辑起点与路径层次 [J]. 中北大学学报（社会科学版），2020，36（4）：131 - 135＋139.

因 UNCTAD 数据库没有收录 2013 年至 2017 间我国与越南出版贸易的相关数据，为保持数据来源一致性，本书暂不讨论我国与越南具体的出版贸易情况。

三十、中国与老挝出版贸易格局研究

2013 年，昆明新知集团万象华文书局开业，该书局是老挝最大的书店，经营图书 3 万余种，为老挝民众接触中国图书提供了便利条件。[①] 此外，云南报刊类出版单位也积极加强与老挝等地新闻出版单位的合作，推进老挝文期刊《占芭》等外宣杂志的出版发行。[②]

2017 年 11 月，在国务院新闻办公室等机构的推动下，《习近平谈治国理政》老挝文版首发式在老挝首都万象举行，该书老挝文版的出版发行"有助于增进老挝人民更好地了解中国的发展理念、发展道路和内外政策，也有助于推动中老两党、两国更好地开展治国立足经验交流。"[③] 此外，在中国书刊发行协会的组织下，我国还在包括老挝在内的四个东南亚国家举行了"第一届东南亚中国图书巡回展"，为老挝和东南亚地区民众了解中国图书创造了机会。[④]

从出版贸易数据看，中国向老挝出口的出版产品总量不大。在 2013 年至 2017 年间，图书产品年均出口额约 4 万美元；报刊产品年均出口额 15.8 万美元；其他出版物产品年均出口额 15.2 万美元。

具体来说，在图书产品出口方面，中国对老挝的出口主要集中在 490199 类产品，该类产品五年间的出口总额约 18.98 万美元，占比 94.9%。在报刊产品出口方面，中国对老挝的出版主要集中在 480100 类产品，五年间的出口总量约 69.5 万美元，占比 87.8%。在其他出版物产品方面，中国向老挝的出口主要集中在 480810 类产品，五年间出口额为 69.54

① 汤长平. 昆明新知集团老挝万象华文书局开业 [M] //王兴明，杨士吉，张懋功. 云南年鉴. 云南：云南年鉴社，2013：308.
② 徐一林. 提升新闻出版对东盟的传播能力——以广西、云南新闻出版"走出去"为例 [J]. 新闻爱好者，2016（4）：68-72.
③ 《习近平谈治国理政》老挝文版在老挝首都万象首发 [M] //柳斌杰，邬书林. 中国出版年鉴. 北京：《中国出版年鉴》杂志社有限公司，2018：305-306.
④ 第一届东南亚中国图书巡回展成功举办 [J]. 新闻知识，2018（2）：64.

万美元，占比 91.5%。

三十一、中国与缅甸出版贸易格局研究

中国与缅甸的出版交流由来已久。在 20 世纪六七十年代，外文出版社即已出版了缅甸文版《毛泽东选集》。在 20 世纪 90 年代，云南和贵州等省印刷界与缅甸相关行业间的合作及商贸活动也较为频繁。云南新闻出版部门多次强调，要充分利用云南毗邻缅甸等东南亚国家的优势，积极拓展东南亚图书市场。

"一带一路"倡议提出以来，我国出版机构进一步加强了与缅甸的出版交流合作。例如，山东出版集团通过在缅甸等国开办海外中国图书中心等形式，为中国图书出版产品接触当地民众创造了机会。[①] 中国德宏传媒集团先后在缅甸曼德勒、木姐开设"胞波书社"、友谊阅览室，为进一步推动中缅文化交流创造条件。[②] 中译出版社有限公司积极推动"中国著名企业家与企业"丛书在缅甸等国的出版、发行和销售，相关书籍的出版有助于海外读者通过企业家的故事"了解当代中国的政治、经济和文化，这对和平崛起的中国、对正在走向国际化的企业来说，具有重要意义"。[③]

从出版贸易数据看，中国对缅甸出口图书产品最多，其中 2013 年的出口额达 207.71 万美元，但随后几年开始下滑，2014 年和 2016 年的出口额都仅 110 万美元左右，2017 年的出口额稍多，约 159 万美元。与图书出口额不断下滑不同，其他出版物产品的出口额不断攀升，2013 年中国向缅甸出口其他出版物产品仅 25.5 万美元，但到了 2017 年出口额已超过 117 万美元，是 2013 年的 4.59 倍。此外，中国对缅甸出口的报刊产品贸易额不大，但在 2013 年至 2017 年间却总体保持增长势头（见图 5-20）。

---

① 王正."一带一路"背景下我国图书版权贸易的创新路径——以山东出版集团为例 [J]. 出版广角，2020（10）：40-42.

② 德宏传媒在缅甸开设友谊阅览室 [M] //柳斌杰，邬书林. 中国出版年鉴. 北京：《中国出版年鉴》杂志社有限公司，2019：355.

③ 张孟桥."中国著名企业家与企业"丛书多语种版海外推广 [J]. 出版参考，2019（12）：73-75.

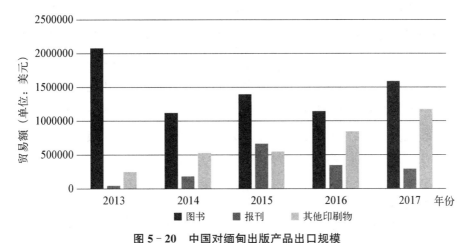

图 5 - 20 中国对缅甸出版产品出口规模

（数据来源：UNCTAD 创意经济数据库）

具体来看，中国对缅甸出版的图书产品覆盖了全部类目。而报刊产品则只有 480100 类产品，保持了连续 5 年的出口记录。在其他出版物产品出口方面，中国对缅甸的出口主要集中在 490890、490900、491000 和491110 四类产品，其中最为突出的是 491110 类产品。五年间达 331 万美元，占比 99%。

三十二、中国与柬埔寨出版贸易格局研究

2011 年 10 月，新知集团在柬埔寨成立了首个海外华文书局——柬埔寨金边新知华文书局，随后几年，又在世界各地创办了 8 家华文连锁书局，这一模式得到相关领导的肯定[①]，为"中国文化'走出去'作出了积极探索和有益尝试"。[②]

2016 年，中国报道杂志社与西哈努克港经济特区管理方达成战略合作意向，同时就中国外文局重点项目"中国图书中心"在柬埔寨的落地进行

---

① 汤长平. 刘云山考察昆明新知集团公司柬埔寨金边华文书局［M］//王兴明，杨士吉，张懋功. 云南年鉴. 云南：云南年鉴社，2014：296.

② 倪成. 新知华文书局打造服务中国文化的综合服务平台［N］. 中国出版传媒商报，2015 - 12 - 18（9）.

了有效沟通。[①] 2017 年 11 月由福建省新闻出版广电局主办,厦门外图集团有限公司和昆明新知集团有限公司承办的"东南亚中国图书巡回展"在柬埔寨等东南亚国家举办,为当地民众创造了近距离接触中国图书的机会。[②]

从出版贸易数据看,其他出版物产品是中国向柬埔寨出口的主要出版产品门类,在 2013 年至 2017 年间,共向其出口总额达 408.55 万美元,其中出口最多的 2017 年为 393.61 万美元。五年间,中国共向柬埔寨出口图书产品 133.42 万美元,报刊产品 266.8 万美元。

具体来看,中国向柬埔寨出口的图书产品主要集中在 490110、490199 和 490300 类产品,五年的出口总额分别为 77.86 万美元、48.92 万美元和 7.38 万美元。中国向柬埔寨出口的报刊产品主要集中在 480100 和 490290 类产品,五年出口总额分别是 252.16 万美元和 14.15 万美元。

三十三、中国与东帝汶出版贸易格局研究

东帝汶于 2002 年 5 月 20 日独立,独立当天,我国即与该国建立了外交关系。[③] 建交以来,两国在政治、经济、外交、文化方面都得到了长足的发展。例如,2019 年,中国援东帝汶数字电视项目开工仪式在东帝汶国家广播电视台举行,作为两国广电传媒合作间的大事,该项目"对于丰富东帝汶民众文化生活、带动东帝汶广电事业发展,推进两国文化合作具有积极意义"。[④]

此外,湖南卫视《我的青春在丝路》系列纪录片将镜头对准耕耘在"一带一路"的青年建设者,推出《东帝汶·麝香猫的秘密》,讲述了我国农业援助技术人员扎根东帝汶 13 年的感人事迹,以"讲故事"的形式为两国人民的民心相通添砖加瓦。[⑤] 云南广播电视台国际频道也积极发挥毗邻

[①] 我社与柬埔寨西港特区达成战略合作意向 [J]. 中国报道,2016 (9):8.
[②] 第一届东南亚中国图书巡回展成功举办 [J]. 新闻知识,2018 (2):64.
[③] 刘新生. 平等相待真诚友好——中国与东帝汶建立外交关系 10 周年回顾与展望 [J]. 东南亚纵横,2012 (5):3-5.
[④] 中国援东帝汶数字电视项目正式开工 [J]. 卫星电视与宽带多媒体,2019 (9):3-4.
[⑤] 刘朋. 践行"走出去"战略,彰显时代主旋律——以湖南卫视《我的青春在丝路》为例 [J]. 文化产业,2019 (11):1-5.

东南亚、南亚地区的地缘优势，以"云南美　中国窗　世界情"为栏目定位，积极推动相关节目资源向东南亚和南亚地区的传播，目前，该频道的覆盖范围已延伸至东帝汶、印度、泰国、柬埔寨等多个东南亚、南亚国家。①

因联合国贸发会数据库未收录我国与东帝汶出版贸易数据，故本书暂不讨论我国与东帝汶的出版贸易情况。

三十四、中国与尼泊尔出版贸易格局研究

2012年12月，尼泊尔中国书展在加德满都开幕，"《西藏今昔》等625种中国优秀藏文、汉文和英文图书在数字上展销"，尼泊尔教育部长高度肯定——"书展对于推动中尼两国人民之间的相互理解有着特别重大的意义。"② 2013年，尼泊尔编辑出版学会代表团访问中国，得到新闻出版总署领导的接见，双方就加强中尼两国新闻出版交流与合作达成系列共识。③

2020年，江苏凤凰少年儿童出版社策划出版了"童心战'疫'·大眼睛暖心绘本"，并第一时间与尼泊尔等国出版机构达成版权输出协议，被翻译成尼泊尔文出版发行。④ 山东出版集团发挥优势，积极推进集团优质图书在尼泊尔的出版发行，例如，优质少儿图书《梁晓声童话》被尼泊尔当代出版公司引进。⑤ 中国人民大学出版社也通过与尼泊尔白莲花出版社在中尼合作出版签约仪式上签署了当代中国文学作品合作出版协议，实现中国文学作品第一次成系列在尼泊尔出版，并进入当地主流图书市场。⑥

从出版贸易的情况看，中国与尼泊尔出版贸易总量不大，在2013年至2017年间，中国向尼泊尔出口的出版物产品总额107.8万美元，其中包

① 朱佳.发挥好云南在对老挝传播中的特殊作用——对云南广播电视台国际频道电视剧运作的思考 [J].中国广播电视学刊，2014 (6)：71－72.

② 2012年尼泊尔中国书展开幕 [M] //柳斌杰，邬书林.中国出版年鉴.北京：《中国出版年鉴》杂志社有限公司，2013：296.

③ 邬书林会见尼泊尔编辑出版学会代表团 [M] //柳斌杰，邬书林.中国出版年鉴.北京：《中国出版年鉴》杂志社有限公司，2013：293.

④ 苏少社原创抗疫绘本实现五国版权输出 [J].出版参考，2020 (3)：18.

⑤ 商学利.山东出版业：以书为媒，布局海外 [J].走向世界，2019 (49)：48－49.

⑥ 徐来.把更多中国学术佳作推介给"一带一路"沿线国家——专访中国人民大学出版社国际出版中心主任刘叶华 [J].全国新书目，2017 (10)：28－31.

括 85.9 万美元的图书产品和 21.9 万美元的其他出版物产品出口。

具体而言，在图书产品贸易方面，虽然中国向尼泊尔出口的图书产品类型覆盖了全部 4 个类别，但总体上，490199 类产品是主力军，五年间，我国向尼泊尔出口该类产品总额为 82.3 万美元，分别占图书产品出口总额和全部出版产品出口总额的 95.8% 和 76.3%。

三十五、中国与不丹出版贸易格局研究

历史上，我国与不丹等喜马拉雅地区国家的经济、文化交往十分密切，但近代以来，受到西方势力在这一地区殖民统治的影响，"该地区的地缘政治形势变得十分复杂，民间的隔阂、裂隙渐深"。不过，"一带一路"倡议提出以来，中国和不丹等喜马拉雅国家的文化交流得到显著加强。

2014 年，云南省委宣传部和云南广播电视台联合打造的大型人文纪录片《南亚的故事》，展现了印度、不丹等南亚国家的风土人情，增进了国内民众对南亚国家的感性认识。[①] 此外，通过与尼泊尔当代出版公司合作，商务印书馆的《汉语世界》得以借助尼方的发行渠道进入"一带一路"南亚地区的主流市场，目前，《汉语世界》已从原先单一的印度市场扩展到尼泊尔、不丹等多个南亚国家发行。[②]

中国与不丹之间的出版贸易数量很少。根据对 UNCTAD 出版贸易数据的统计，在 2013 年至 2017 年间，中国对不丹的出口贸易总额仅约 14.77 万美元。其中，图书出口贸易最少，仅 2 249 美元，其他出版物产品贸易额也刚刚超过 1 万美元。

三十六、中国与印度出版贸易格局研究

早在 20 世纪 80 年代，中国和印度就保持着相对密切的出版交

---

① 孙喜勤. 云南与南亚东南亚国家媒体合作研究 [J]. 学术探索，2018 (3)：67 - 73.
② 储丹丹. 创新"一带一路"国际合作的方式方法——以《汉语世界》为例 [J]. 出版广角，2018 (18)：60 - 62.

流。1981 年，应中国出版工作者协会的邀请，印度出版商联合会派团对我国进行友好访问，与北京、上海、杭州等地出版工作者举行座谈，双方都表示"希望开展两国的合作出版事业，加强文化交往，增进两国人民的友谊。"① 1985 年，印度版权专家阿迈拉赫和卡拉·塔拉妮访问中国，"向我国出版界介绍了印度版权法的主要条款和印度版权局和版权委员会的主要职能以及国际版权保护简况。"② 2012 年，国家新闻出版总署负责人率队访问印度，与印方签署《中印文化交流百科全书》等协议，同时参观了剑桥大学出版社印度分部等机构。此次访问有助于"推动中印两国政府及行业间交流与合作，推进中国出版走出去战略的实施"。③

2016 年初，我国成为新德里世界书展的主宾国，举行了以"文明复兴 交流互鉴"为主题的系列活动，中印出版界多位知名人士与会，共话中印出版合作与交流。④ 2017 年 1 月，五洲传播出版社受国家新闻出版广电总局委托，参加第 41 届加尔各答国际书展，"展出英语和印地语图书 200 余种，涉及中国文化、历史、文学、少儿读物等多个领域，包括一直以来广受印度读者喜爱的'中国文化'系列、'当代中国'系列以及'一带一路'主题图书"，其中，"印地文版《中印文化交流》和英文版《中国与印度的故事》尤其受到当地读者的关注。"⑤ 2019 年 1 月，上海交通大学出版社与印度多家知名出版机构联合成立中国—南亚科技出版中心，旨在"翻译出版一系列代表中国科技最高研究水平和最新研究成果的精品图书"。四川美术出版社在新德里成立新华文轩南亚出版中心，"将两国出版人、作者、译者聚合到一起，助力作品更好、更快地融入当地市场。"⑥

在 2013 年至 2017 年间，中国向印度出口的出版产品总额高达 1.63 亿

① 项雪. 印度出版商联合会访华团访问我国 [J]. 出版工作，1981 (8)：65.
② 高航. 印度版权专家访华 [J]. 出版工作，1985 (10)：63.
③ 邬书林副署长率团访问印度孟买 [M] //柳斌杰，邬书林. 中国出版年鉴. 北京：《中国出版年鉴》杂志社有限公司，2012：331.
④ 2016 新德里世界书展中国主宾国活动在印度新德里普拉盖提·马丹国际展览中心开幕 [M] //柳斌杰，邬书林. 中国出版年鉴. 北京：《中国出版年鉴》杂志社有限公司，2017：201.
⑤ 第 41 届加尔各答国际书展在印度开幕 [M] //柳斌杰，邬书林. 中国出版年鉴. 北京：《中国出版年鉴》杂志社有限公司，2018：296.
⑥ 朱丽娜. 走出去步伐不断加快 [N]. 中国新闻出版广电报，2019 - 12 - 23 (6).

美元，其中其他出版物产品的出口额最多，达 7 429.59 万美元，报刊产品和图书产品的出口额则大致相当，分别约 4 658 万美元和 4 171 万美元。此外，图书产品和其他出版物产品的年度出口总额大致稳定，但报刊产品的年度出口总额波动幅度极大。2013 年与 2014 年，中国向印度出口报刊产品的规模都达千万美元以上，但随后三年，报刊产品的年度出口额则大幅下跌（见图 5-21）。

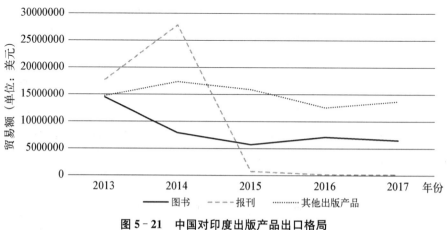

图 5-21　中国对印度出版产品出口格局

（数据来源：UNCTAD 创意经济数据库）

三十七、中国与巴基斯坦出版贸易格局研究

2019 年，巴基斯坦等 16 个国家的出版人参加了 2019 年泰山国际新闻出版合作大会，就世界出版业的发展趋势和前景，及各国出版交流与合作展开专题研讨。[①] 黄河出版传媒集团高度重视出版"走出去"工作，大力加强与"一带一路"国家的出版交流与合作，与巴基斯坦巴中环球互联文化有限公司签订《中国品格》等多种图书的出版授权合同。[②] 中原出版传媒集团巴基斯坦联合编辑部、中原出版传媒集团斯里兰卡联合编辑部正式

---

① 2019 年泰山国际新闻出版合作大会暨新闻出版小镇建设发布会举行［M］//柳斌杰，邬书林，主编. 中国出版年鉴. 北京：《中国出版年鉴》杂志社有限公司，2020：336-337.

② 王佐红. 黄河出版传媒集团 2019 年工作［M］//柳斌杰，邬书林. 中国出版年鉴. 北京：《中国出版年鉴》杂志社有限公司，2020：437-438.

挂牌运营。①

中国人民大学出版社发挥学术出版优势，仅在 2020 年，就推动"一带一路"共建国家出版合作共同体单位中方成员与巴基斯坦等国家出版机构开展了中图图书翻译出版项目近 400 种。② 新疆出版行业发挥地缘优势，大力推动面向巴基斯坦等国家的出版"走出去"工作，2019 年，新疆青少年出版社对巴基斯坦输出 24 个品种的图书。③ 中南传媒海外印刷业务覆盖巴基斯坦等二十多个国家和地区，"印刷产品荣获各类国际、国内印刷大奖。"④

从出版贸易数据看，在 2013 年至 2017 年间，中国向巴基斯坦出口的出版产品达 3 736.41 万美元，其中图书产品和其他出版物产品的出口额较大，分别为 2 094.9 万美元和 1 618 万美元，占比分别为 56％和 43.3％。相对来说，报刊产品的出口额较少，五年出口总额仅为 23.45 万美元。

在图书产品方面，中国向巴基斯坦的出口主要是 490199 和 490300 两类产品。五年间，中国共向巴基斯坦出口 490199 类产品 1 989.7 万美元，而 490300 类产品的出口总额仅为 93.59 万美元。在报刊产品方面，中国向巴基斯坦的出口主要为 480100 和 490290 两类产品。在其他出版物产品方面，除了 490510、490591 和 490599 三类产品，中国向巴基斯坦的出口都较为稳定，而又以 490810 类产品出口总额为最多。五年间，中国共向巴基斯坦出口 490810 类产品 169 万美元，占其他出版物产品出口总额的 10.45％。

三十八、中国与孟加拉国出版贸易格局研究

虽然孟加拉国 1972 才正式建国，但我国与孟加拉国所在地区出版机构

---

① 耿相新. 中原出版传媒集团公司 2019 年工作［M］//柳斌杰，邬书林. 中国出版年鉴. 北京:《中国出版年鉴》杂志社有限公司，2020：391.
② 李永强. "一带一路"共建国家出版合作体绘就国际学术出版新篇章［N］. 国际出版周报，2020－11－30 (3).
③ 南子. 疆版童书绘本靠什么大步"走出去"［N］. 新疆日报（汉），2020－11－25 (7).
④ 杨壮. 出版湘军再发力大力弘扬中华文化［N］. 中国新闻出版广电报，2020－9－25 (T07).

的交流与合作却已有六十多年的历史。20 世纪 50 年代，孟加拉旗帜书店、孟加拉费罗兹公司就是我国《人民画报》（英文版、孟加拉文版）及其他相关图书的主要经销机构。改革开放之后，孟加拉国与我国开展合作的出版机构数量进一步增加。1986 年和 1987 年，我国连续两年在孟加拉国举办中国图书展览，受到孟加拉国民众的欢迎。1999 年 5 月，孟加拉海豚公司成为中国书刊在孟加拉国的独家代理。①

2016 年 10 月，中国主题精品图书巡回展开幕式和中孟媒体交流活动在孟加拉国首都达卡举办，此次巡回展"集中展示《习近平谈治国理政》等中国主题图书一千余种，涵盖政治、经济、文化、历史、社会以及'一带一路'建设等方面。"② 长江出版集团与孟加拉国邦德汉公司达成合作向，"在孟加拉国开办包装印刷厂"，促进出版"走出去"的资本化运作。③ 中译出版社和孟加拉安卡出版社联合成立中国主题国际编辑部，促成《生命的呐喊》《中山路：追寻近代中国的现代化脚印》《国运：南方记事》等精品图书的翻译出版，提升中国图书在孟加拉语读者群体中的影响力。④

因 UNCTAD 数据库没有收录我国与孟加拉国的出版贸易数据，故本书暂不讨论两国具体的出版贸易情况。

三十九、中国与斯里兰卡出版贸易格局研究

中国与斯里兰卡新闻出版界的交流与合作由来已久，"从 20 世纪 60 年代建立起来的斯里兰卡发行网，一直与中国保持良好的合作关系"。⑤ 改革开放以来，我国多次在斯里兰卡举办中国书展，"主办书展的东道国不仅把书展当作书刊贸易活动，而且作为国家之间的文化交流，受到有关政府

　　① 杨伟明，何明星. 孟加拉国传媒业发展概况及中孟传媒交流的历史与现状 [J]. 传媒，2017 (6)：56-59.
　　② 中国主题精品图书巡展开幕式和中孟媒体交流活动在孟加拉国达卡举办 [M] //柳斌杰，邬书林. 中国出版年鉴. 北京：《中国出版年鉴》杂志社有限公司，2017：203.
　　③ 文俊. 长江出版集团半年营收同比劲增 5 倍 [N]. 湖北日报，2016-8-31 (1).
　　④ 中版国际编辑部如何讲好中国故事 [N]. 中国出版传媒商报，2018-8-21 (18).
　　⑤ 佟加蒙，何明星. 斯里兰卡新闻出版业的现状以及与中国的合作空间 [J]. 出版发行研究，2016 (1)：87-90，108.

部门"及出版界同行的重视。① 20 世纪 90 年代前后，斯里兰卡是我国外文图书对外发行最多的国家之一。② 中国外文局利用法兰克福书展等有影响力的国际平台，与斯里兰卡等国出版商洽谈合作，成功实现《自己的事情自己做》等多种图书的版权输出。③ "斯里兰卡与中国新闻出版业之间存在着巨大合作空间，中国新闻出版业完全可以借助'一带一路'战略实施的契机输出数字化、产业化的经验，提升彼此新闻出版业的合作水平。"④

2013 年，新知图书科伦坡华文书局在斯里兰卡开业，这是新知集团在南亚地区运营的首个华文书局。⑤ 2015 年 12 月，由中国出版促进会、中国开发性金融促进会、北京外国语大学联合举办的斯里兰卡新闻出版业高端研修班在北京开班。⑥ 2018 年，中国教育图书进出口有限公司在国家新闻出版署指导下，在第 20 届科伦坡国际书展期间举办"中国图书展"，"中国出版代表团与斯里兰卡多家出版社展开版权贸易洽谈"，两国新闻出版界都表达了对进一步加强交流与合作的期待。⑦ 作为中国规模最大的专业对外传播机构，中国外文局大力拓展海外市场，不仅"版权输出的语种多"，"覆盖的国家和地区"也十分广泛，除"向英、法、西、俄、阿等主要语种及周边国家输出外"，还覆盖到斯里兰卡等"40 余个语种、50 多个国家和地区，为中国文化更全面、广泛地走向世界打下了坚实的基础。"⑧

从出版贸易情况看，中国对斯里兰卡的出版贸易主要集中在图书产品和其他出版物产品。在 2013 年至 2017 年间，中国共向斯里兰卡出口其他出版物产品 627.68 万美元，占比 81.84%。而图书产品和报刊产品五年的

① 宋广浦，常青原. 中国书刊在国外的展览——为中国国际图书贸易总公司成立 40 周年而作 [J]. 图书情报知识，1990 (1)：74-77.
② 郭选. 1989—1990 年对外书刊出版情况 [M] //方厚枢. 中国出版年鉴. 北京：商务印书馆，1990：28.
③ 宏磊，周瑾. 中国图书从这里走向海外——访中国外文局副局长，国图公司总经理齐平景 [J]. 对外大传播，2005 (12)：14-17.
④ 佟加蒙，何明星. 斯里兰卡新闻出版业的现状以及与中国的合作空间 [J]. 出版发行研究，2016 (1)：87-90+108.
⑤ 南亚地区首个华文书店在斯里兰卡开业 [M] //贾益民. 世界华文教育年鉴. 北京：社会科学文献出版社，2014：64-65.
⑥ 斯里兰卡新闻出版业高端研修班在北京开班 [M] //柳斌杰，邬书林. 中国出版年鉴. 北京：《中国出版年鉴》杂志社有限公司，2016：247.
⑦ "中国图书展"亮相第 20 届科伦坡国际书展 [M] //柳斌杰，邬书林. 中国出版年鉴. 北京：《中国出版年鉴》杂志社有限公司，2019：356.
⑧ 平方. 大美由此出中国 [N]. 中华读书报，2012-1-11 (5).

出口总额分别为 120 万美元和 18.66 万美元。

四十、中国与马尔代夫出版贸易格局研究

21 世纪以来，国家新闻出版广播电视主管部门多次率团出访马尔代夫等国家，与相关国家主管部门深入交流，搭建形式多样的合作平台，有效促进了中国和马尔代夫等国家的文化交流。[①] 2014 年 6 月至 10 月，广东多家媒体联合启动"探访海上丝绸之路"海外联合报道，通过选择并重新讲述马尔代夫等"海上丝绸之路"沿线国家民众耳熟能详的故事，促进了海上丝绸之路文化认同建设。[②]

此外，近年来人民教育出版社积极探索数字化营销新模式，在一些在线平台上发售《我的汉语》等教材，在马尔代夫等国"有较好的访问量和下载量"，"拓展了销售地域和范围，弥补了纸质销售的不足。"[③] 2017 年 8 月，亚太广播发展机构全体大会在马尔代夫开幕，中央人民广播电台向大会选送的广播特写《大手和小手牵着一起走》《两位伐木工的别样人生》"分别获得 AIBD 广播奖和雷恩哈德·昆纳纪念奖 2017 年度最佳广播节目奖。"[④]

中国与马尔代夫的出版贸易额不大。在 2013 年至 2017 年间，中国共向马尔代夫出口 41.88 万美元的出版产品。其中，其他出版物产品五年出口总额为 34.13 万美元，而图书产品出口总额仅为 7.75 万美元。

在图书产品出口贸易方面，中国向马尔代夫出口的主要是 490199 和 490300 两类产品，五年出口总额分别为 6.05 万美元和 1.68 万美元。在其他出版物产品贸易方面，中国向马尔代夫出口的主要是 490810、490900 和 491000 三类产品，五年出口总额分别为 8.9 万美元、5.9 万美元和 17.83 万美元。

---

① 广播电视对外交流与合作综述 [M] //赵玉明. 中国广播电视年鉴. 北京：中国广播电视年鉴社，2007：597-598.
② 孙爱群，林洁，张林. 文化国际传播助建海上丝路——以广东"探访海上丝绸之路"海外联合报道为样本 [J]. 新闻战线，2015（11）：44-47.
③ 王世方. 四步化解"本土化"运作困境 [N]. 中国图书商报，2013-7-5（11）.
④ 对外交流与传播纪事 [M] //钱莲生. 中国新闻年鉴. 北京：中国新闻年鉴社，2018：905-908.

四十一、中国与哈萨克斯坦出版贸易格局研究

2010 年以来，新疆出版业发挥毗邻哈萨克斯坦等中亚国家的地缘优势，与哈萨克斯坦友谊桥出版社等机构达成多项图书版权输出协议，在当地注册成立出版社和图书发行公司，设立印刷领域的合作公司，出版"走出去"工作迈出新的步伐。① 2010 年 7 月，《中国读本》哈萨克文版首发仪式和民族出版社书展在阿斯坦纳市哈国国立图书馆同时举行。②

2015 年以来，随着两国关系在"一带一路"框架下不断深化，中国和哈萨克斯坦的出版交流合作也日益深入。2014 年，哈萨克斯坦多家出版社负责人陆续拜访民族出版社，洽谈《中国共产党历史》《向邓小平学习》《鲁迅作品选集》及多种科技类、儿童类、文学类图书的翻译出版和版权输出事宜。③ 民族出版社充分发挥哈萨克文翻译的独特优势，在"丝路书香工程"等项目的牵引下，"推动中哈文化交流'图书系列化''出版常态化'"，《伟大的改革家邓小平》等多种图书的哈萨克斯坦文版先后在哈国首发，"取得了良好的社会效益""为加强两国人民的文化交流作出了重要贡献。"④ 2017 年 6 月，《习近平谈治国理政》哈萨克文版首发式在阿斯坦纳举行，中哈各界 200 多人出席首发式，该书的出版有效促进了哈萨克斯坦民众对当代中国发展理念和发展道路的认识。⑤

从 2013 年至 2017 年，中国与哈萨克斯坦的出版贸易总额为 2 213.5 万美元，其中图书产品和其他出版物产品贸易额相对较多，分别达 1 251 万美元和 942.7 万美元，占比分别为 56.5％和 42.59％。中国向哈萨克斯坦出口的报刊产品数量不多，五年出口总额仅为 19.87 万美元。

---

① 张新革. 出版"走出去"工作 [M] //廖运建. 新疆年鉴. 乌鲁木齐：新疆年鉴社，2013：332.
② 《中国读本》哈萨克文版首发式和民族出版社书展在哈萨克斯坦首都阿斯塔纳举行 [M] //石玉钢. 中国民族年鉴. 北京：中国民族出版社，2011：359.
③ 李香. 哈萨克斯坦多家出版机构来民族出版社访问 [M] //石玉钢. 中国民族年鉴. 北京：中国民族出版社，2015：717.
④ 巴克特拜克·托哈塔西. "一带一路"倡议下，哈萨克文翻译出版如何"走出去"[N]. 中国民族报，2019-5-24 (8).
⑤ 《习近平谈治国理政》哈萨克文版首发式在哈萨克斯坦首都阿斯塔纳举行 [M] //柳斌杰，邬书林. 中国出版年鉴. 北京：《中国出版年鉴》杂志社有限公司，2018：224.

在图书出口贸易方面，中国对哈萨克斯坦的出口主要集中在 490199 和 490300 两类产品，五年出口额分别达到 915.5 万美元和 310.5 万美元，占比分别为 73.18％和 24.8％。而在其他出版物产品出口方面，中国向哈萨克斯坦的出口主要集中在 490510、490890、490900、491000 和 491110 五类产品。五年间，这几类产品都有相对稳定的出口贸易额。在这几类产品中，又以 490900 类产品出口数量最多，该类产品五年出口额为 655.65 万美元，占比 70.6％。

四十二、中国与土库曼斯坦出版贸易格局研究

2012 年 7 月，土库曼斯坦国际出版署副署长访问中国，得到国家新闻总署相关领导的接见，双方就中国和土库曼斯坦的出版合作交流工作进行了友好洽谈和协商。① 2013 年 11 月 15 日，新疆电视台大型主题报道《丝路新里程》在乌鲁木齐启动，报道组前往土库曼斯坦等 9 个国家进行采访报道，"传播中国声音、展示新疆形象，推动中国企业走出去。"② 2014 年湖南广电在土库曼斯坦达沙古兹州举行"土库曼斯坦文化周"活动，促进了土库曼斯坦民众对我国新闻出版和广播电视事业的认识。③ 2017 年，新华社组织"一带一路全球行"活动，采访车队历时 3 个多月，经过包括土库曼斯坦在内的"丝绸之路经济带"沿线多个国家和国内相关省份，相关新闻报道和活动促进了"一带一路"在沿线国家和地区的传播力。④

中国与土库曼斯坦的出版贸易数额不多，主要集中在图书产品出口和其他出版物产品出口上。在 2013 年至 2017 年间，中国共向土库曼斯坦出口图书产品 41.3 万美元，出口其他出版物产品 16.03 万美元，没有报刊产品出口，两类出版产品出口总额为 57.33 万美元。

---

① 邬书林在北京会见土库曼斯坦国家出版署副署长努·伊亚别列诺夫［M］//柳斌杰，邬书林. 中国出版年鉴. 北京：《中国出版年鉴》杂志社有限公司，2013：291.
② 新疆电视台大型主题报道《丝路新里程》在乌鲁木齐启动［M］//柳斌杰，邬书林. 中国出版年鉴. 北京：《中国出版年鉴》杂志社有限公司，2014：292.
③ 钱莲生. 对外交流与传播纪事［M］//中国新闻年鉴，北京：中国新闻年鉴社，2015：951－954.
④ 赵倩. 新华社"一带一路全球行"活动走进宁夏永宁县［M］//永宁年鉴. 银川：宁夏人民出版社，2017：301.

四十三、中国与吉尔吉斯斯坦出版贸易格局研究

新疆新闻出版部门发挥毗邻吉尔吉斯斯坦等中亚国家的地缘及文化优势，着力加强"期刊"走出去工作，经过多年经营，面向吉尔吉斯斯坦的《大陆桥》等杂志，在当地建立了相对稳固的受众群体，"成为对象国读者了解中国、认识新疆的一个重要渠道，对推动国与国之间的互相了解，增进交流和友谊起到了很好的作用。"① 2012 年，首届中国—亚欧出版博览会在新疆乌鲁木齐举办，包括吉尔吉斯斯坦在内的 11 个亚欧国家的出版机构参加了博览会，"达成中外合作意向 40 多项，近 5 万观众参观了书展"。②

此外，在"一带一路"背景下，国内出版机构积极在吉尔吉斯斯坦等"一带一路"国家开辟营销网点。譬如，2017—2018 年，"北语社新建海外直销与经销客户 18 家，覆盖了 11 个空白城市"，并首次在吉尔吉斯斯坦等国建立经销网络。③ 中国人民大学出版社发起成立"一带一路"学术出版联盟，主办"一带一路"学术出版联盟高峰论坛，以"传播优秀文化、弘扬丝路文明"为宗旨，吸引吉尔吉斯斯坦等 44 个国家和地区的 206 家出版商、学术机构和专业团体加入，"积极促进成员间作者、翻译、营销、版权信息、教育培训等资源共享。"④ 生活·读书·新知三联书店以"中国传统文化"类图书为特色，大力开拓吉尔吉斯斯坦等国图书市场，也取得了较好的版权输出成绩。⑤

从出版贸易数据看，中国与吉尔吉斯斯坦贸易额很小。在 2013 年至 2017 年间，中国共向吉尔吉斯出口图书产品 29.71 万美元，出口其他出版物产品 16.61 万美元，报刊产品只有数千美元的出口记录。

---

① 新疆维吾尔自治区期刊协会工作概述 [M] //张友元. 中国期刊年鉴. 北京:《中国出版年鉴》杂志社有限公司，2012: 510 - 511.

② 2012 年全国新闻出版对外交流与合作工作 [M] //柳斌杰，邬书林. 中国出版年鉴. 北京:《中国出版年鉴》杂志社有限公司，2013: 41 - 42.

③ 赵帅，蒋欣悦，田朋. 国际汉语品牌教材走入海外国民教育体系 [J]. 出版参考，2019 (12): 85 - 87.

④ 刘叶华. 走中国高端学术国际出版道路 [J]. 出版参考，2019 (12): 32 - 36, 53.

⑤ 孙玮. 立足自身优势，对接国际话语体系，创新合作模式 [J]. 出版参考，2018 (8): 48 - 49.

在图书出口方面，中国向吉尔吉斯斯坦的出口主要为 490199 和 490300 类产品，两类产品的出口额分别为 19.32 万美元和 8.21 万美元。在其他出版物产品出口方面，中国向吉尔吉斯斯坦的出口则主要包括 490510、490890、490900、491000 和 491110 类产品。

四十四、中国与乌兹别克斯坦出版贸易格局研究

2004 年，新疆维吾尔自治区新闻出版局访问乌兹别克斯坦，详细调研了乌兹别克斯坦出版印刷业发展基本情况，与该国政府部门和相关企业就未来出版合作的可能领域进行了商讨。① 从 2006 年开始，新疆新闻出版部门就明确了面向乌兹别克斯坦等中亚国家，促进出版"走出去"的发展目标，"新疆出版工作者要出版宣传中华民族优秀文化、宣传改革开放和现代化建设巨大成就的出版物，努力扩大与国外，特别是周边国家的交流与合作，真正使我们的出版物走出国门。"② 2007 年，新闻出版总署有关领导会见来华访问的乌兹别克斯坦新闻出版署署长阿里莫夫，双方再次明确加强出版交流与合作的意向。③ 此外，由于语言文字和文化上的相通性，新疆有多种少数民族文字期刊在乌兹别克斯坦等国发行，在学术期刊走出去方面有较为独特的优势。④

近年来，在外文出版社和乌兹别克斯坦方面的共同努力下，《习近平谈治国理政》被翻译成乌兹别克语出版，深化了当地民众对中国特色社会主义实践的认识。⑤ 北京语言大学出版社面向乌兹别克斯坦等中亚国家汉语教材市场，有针对性地研发汉语学习精品教材，"搭建网络教学服务数字资源平台"，针对乌兹别克斯坦等国"拓展制作了现有渠道、经营情况、

---

① 王峥. 感受中亚印刷业 [J]. 新疆新闻出版，2004 (5)：64-65.
② 龙新民. 把握导向推进改革促进繁荣——在新疆新闻出版界座谈会上的讲话 [J]. 新疆新闻出版，2006 (4)：10-11.
③ 柳斌杰会见乌兹别克斯坦新闻出版署署长 [M] //柳斌杰，于友先，邬书林. 中国出版年鉴. 北京：《中国出版年鉴》杂志社有限公司，2008：88.
④ 库兰·尼合买提. 新疆民语类学术期刊国际化的思考与探索 [J]. 新疆社会科学，2013 (5)：108-111.
⑤ 李法宝. 论《习近平谈治国理政》在周边国家版权输出的价值 [J]. 西部学刊，2019 (12)：134-138.

市场环境的分析报告",既拓宽了出版社汉语教材的销路,也促进了中国语言和文化在当地的传播。[①] 中国出版集团已经与乌兹别克斯坦等"一带一路"国家达成数百项合作项目,有效"建立和加强了出版合作关系,切实推进民心相通,推进文明互鉴,推进人文合作。"[②]

在 2013 年至 2017 年间,中国共向乌兹别克斯坦出口出版产品1 097.69 万美元,其中其他出版物产品出口额最多,达 748 万美元,占比 68.14%。图书产品五年出口总额为 348.12 万美元,占比 31.71%。而报刊产品极少,仅为 1.56 万美元。

具体而言,在图书产品贸易方面,中国与乌兹别克斯坦的贸易主要集中在 490199 和 490300 两类产品,五年出口额分别为 318.58 万美元和 22.17 万美元,占比分别为 91.5% 和 6.37%。在其他出版物产品方面,中国对乌兹别克斯坦的出口主要集中在 490510、490599、490810、490890、490900、491000 和 491110,其中 491110 和 490890 类产品出口贸易额最多,占比分别为 69% 和 21%。

四十五、中国与塔吉克斯坦出版贸易格局研究

1993 年 4 月,第五届国际合作出版洽谈会在杭州举行,吸引了塔吉克斯坦等国家和地区近百家出版机构参加。2012 年,新疆维吾尔自治区新闻出版局发挥毗邻中亚地区的地缘优势,举办首届亚欧出版博览会,吸引来自塔吉克斯坦等 11 个国家的多个出版机构参展,有效促进了我国与塔吉克斯坦等中亚国家的出版交流与合作。[③]

2014 年 5 月,国家新闻出版广电总局党组书记在北京会见来华访问的塔吉克斯坦文化部部长一行,双方就两国出版产业发展与合作等相关问题

---

① 赵帅,蒋欣悦,田朋. 国际汉语品牌教材走入海外国民教育体系 [J]. 出版参考,2019 (12):85-87.
② 谭跃. 弘扬丝路精神,务实推进"一带一路"的出版合作 [N]. 中国出版传媒商报,2016-8-30 (2).
③ 吉纳,辰辰. 睦邻交流合作发展——首届中国—亚欧出版博览会综述 [J]. 新疆新闻出版,2012 (5):51-55.

进行了深入的交流。① 中国外文局与塔吉克斯坦等多个中亚国家的出版机构签署翻译出版备忘录，促成《习近平谈治国理政》翻译成多种中亚国家语言出版发行，提升了当代中国治国理政的发行范围和传播能力。② 此外，近年来，新疆在"一带一路"倡议带动下，大力发展与塔吉克斯坦等中亚国家的"出版与合作"项目，《印象伊犁》《图说中国新疆古今》等多种图书翻译成外国语言出版发行，不仅促进了"一带一路"文化品牌和民心相通建设，还"巩固和发展与周边国家人民的友谊，展示了中国改革开放的新形象。"③

整体而言，中国与塔吉克斯坦的出版贸易额不高。在 2013 年至 2017 年间，中国共向塔吉克斯坦出口图书 20.97 万美元，其他出版物产品 15.15 万美元，没有报刊产品出口记录。

四十六、中国与阿富汗出版贸易格局研究

1992 年，阿富汗等国家组团参加北京国际图书博览会，与我国有关出版机构就未来交流合作的可能性展开深入交流。④ 新疆出版机构也积极发挥毗邻阿富汗等中亚地区国家的优势，积极促进与有关国家的文化交流，当地出版的多册图书如《汉字中的中国古代哲学思想》等被列入"中国图书对外推广计划"推荐目录，面向中亚乃至世界各国出版发行。⑤

新蕾出版社高度重视原创精品图书的出版发行和"走出去"工作，其于 2018 年底出版的"二战"主题书籍《泥土里的想念》，在几个月内，就输出阿富汗等 9 个国家。⑥ 2017 年，中国外文局发起举办《习近平谈治国理政》第二卷国际合作翻译出版签约仪式，阿富汗等 16 个国家的知名出版

① 蒋建国在北京会见塔吉克斯坦文化部部长尚希金·奥鲁姆别科夫一行［M］//柳斌杰，邬书林. 中国出版年鉴. 北京：《中国出版年鉴》杂志社有限公司，2015：305.
② 周忠良.《习近平谈治国理政》海外出版影响力研究［J］. 中国出版，2019（17）：51 - 55.
③ 徐幼军. 我国与"一带一路"沿线国家图书出版合作项目的三大特色［J］. 全国新书目，2015（5）：20 - 23.
④ 第四届北京国际图书博览会见闻［J］. 中国图书评论，1992（6）：85 - 87.
⑤ 库里达·胡万. 试析新疆出版"走出去"［J］. 出版发行研究，2010（7）：33 - 34.
⑥ 樊国安. 创新版权输出方式推动津版书"走出去"［N］. 中国出版传媒商报，2019 - 5 - 21（2）.

机构与中国外文局一起签署了该书的翻译出版备忘录。① 此外，作为"新时代马克思主义中国化的最新成果"，《习近平谈治国理政》的出版发行方"以主动出击方式推荐译本，提升译本影响力"，例如该书已通过捐赠阿富汗等国孔子学院，"极大增加了该书的国外馆藏量并提升了学术影响力。"② 中国出版传媒股份有限公司将"一带一路"作为公司国际化战略的重要方向，大力发展与沿线国家和地区的出版交流合作，其出版的《普什图语汉语词典》荣获"阿富汗总统特别勋章"。③

中国向阿富汗出口的出版产品主要是图书产品和其他出版物产品。在 2013 年至 2017 年间，中国共向阿富汗出口图书产品约 119 万美元，出口其他出版物产品约 37.61 万美元。

四十七、中国与伊朗出版贸易格局研究

2011 年，国家新闻出版总署与伊朗伊斯兰文化联络组织签署"中伊典籍政府资助互译出版工程"合作备忘录。2012 年 7 月，邬书林在北京会见伊朗文化和伊斯兰指导部副部长马哈麦德扎蒂一行，双方就深化新闻出版交流与合作，促进文化往来和文明互鉴进行了深入的探讨。④ 2010 年，经中宣部和新闻出版总署批准，中国图书进出口（集团）总公司组织国内相关出版机构参加了中东地区规模最大的书展——德黑兰国际书展，"宣传推介中国文化，展示中国出版形象"，同时也对伊朗图书出版市场进行了调研考察，建立了一些合作联系。⑤

"一带一路"背景下，两国出版交流与合作的密切程度不断提升，"'一带一路'出版合作需求在伊强烈。"⑥ 目前，伊朗是商务印书馆中华文化图书版权输出的优先合作对象，"《新华字典》将译为波斯语在伊朗

---

① 崔斌箴. 新时代对外出版业发展的思考 [J]. 对外传播，2018（3）：33 - 35.

② 周忠良.《习近平谈治国理政》海外出版影响力研究 [J]. 中国出版，2019（17）：51 - 55.

③ 王涛. 以创新为舵驶入出版"新蓝海" [N]. 国际出版周报，2017 - 8 - 28（6）.

④ 邬书林在北京会见伊朗文化与伊斯兰指导部副部长穆罕默德·贾法尔·马哈麦德扎蒂一行 [M] //柳斌杰，邬书林. 中国出版年鉴. 北京：《中国出版年鉴》杂志社有限公司，2013：291.

⑤ 陈小建. 中东地区重要的文化盛会——第 23 届德黑兰国际书展记事 [J]. 出版广角，2010（8）：46 - 49.

⑥ 刘叶华. "一带一路"出版合作需求在伊强烈 [N]. 国际出版周报，2019 - 5 - 13（10）.

出版发行。"2017 年，五洲传播出版社与伊朗知识与人文翻译出版中心签订"翻译与出版合作框架协议"，"向伊朗输出版权 50 余种，与伊方合作出版'当代中国''中国文化'和'人文中国'三套丛书"。此外，陕西师范大学出版社、西安外国语大学与伊朗阿拉梅·塔巴塔巴依大学还共同创建陕西师范大学出版社伊朗分社，"旨在让中国文化快速走出去，落地生根，辐射周边"。① 2019 年，中国以主宾国身份参加德黑兰书展，"携带 1.5 万册图书及多种文创产品参展"，此外还"与伊朗业界进行了 50 余场次交流洽谈活动"，"举办了'一带一路'与民心相通论坛、伊朗中国图书中心揭牌等一系列主宾国活动"，向伊朗民众展现了中国文化的独特魅力，正如伊朗图书与档案馆馆长所说，"一带一路"正在加强两国人文交流，"书籍是深入了解中国的重要窗口，越来越多的读者渴望了解更多中国故事。"②

从出版贸易方面的情况看，中国对伊朗的出口主要集中在其他出版物产品和图书产品，2013 年至 2017 年间，这两类产品的出口总额分别为 5 026 万美元和 1 120 万美元，而报刊产品仅约 237 万美元。

具体而言，在图书贸易方面，中国对伊朗的图书出口集中在 490110、490199 和 490300 三个类别，490191 类产品的出口几乎没有。再进一步看，在这三类图书产品中，490300 产品出口规模最大，五年间出口规模超过了 1 000 万美元，而另两类的出口总额仅约 514.7 万美元。

中国对伊朗的报刊出口总量不大，480100、490210、490290 全部三类报刊产品五年来出口总额也仅有 237.3 万美元。而从其他出版物产品出口情况看，类别则比较广泛，但不同类产品的出口额相差较大，主要集中在 490890、490900、491000 和 491110 四类产品上。

四十八、中国与伊拉克出版贸易格局研究

2011 年，作为"中阿经贸论坛"的一部分，"宁夏国际穆斯林出版机

---

① 王立平. "一带一路"视域下的伊朗出版业 [J]. 出版参考，2019 (2)：24 - 26.
② 中国图书亮相德黑兰国际书展 [J]. 新闻知识，2019 (5)：88.

构版权贸易洽谈会"先后在银川和北京举办，吸引了伊拉克等20个阿拉伯国家的出版机构参加。① 五洲传播出版社是阿拉伯地区最具影响力的中国出版机构，"通过积极参加阿拉伯地区各个书展"，该社与伊拉克、埃及、阿联酋等多个阿拉伯国家都建立了密切的业务联系。② 近年来，五洲传播出版社通过与华为等技术公司合作，打造出"中国文化"＋"中国创造"的"走出去"新模式，通过公司阅读app——阿语版that's books内置在华为手机中，五洲传播出版社极大提升了在伊拉克等中东和北非国家的渠道发行能力，该app也被中东当地媒体评价为"阿中文化交流最有创意、最真实的平台，是一个互利共赢的融合式发展的平台。"③

在第22届北京国际图书博览会上，中国和阿拉伯国家在"中阿合作论坛"框架下签署了《"中阿典籍互译出版工程"合作备忘录》，该工程"由五洲传播出版社和阿拉伯出版商协会承担具体工作，展现中国和阿拉伯国家的悠久历史、灿烂文明，反映了中阿双方政治、经济、文化、社会的发展成就"④，也对促进中国和伊拉克的出版合作起到了积极的促进作用。此外，受中国出版协会少年儿童读物工作委员会与阿拉伯少儿出版协会的委托，中国接力出版社和埃及智慧宫文化投资（出版）公司共同举办了"中阿童书出版论坛"，吸引包括伊拉克在内的15个国家的少儿出版机构参与，"促进了中阿少儿出版的进一步合作发展。"⑤

从出版贸易整体情况看，中国对伊拉克的出版贸易主要集中在图书和其他出版物产品，2013年至2017年间，图书产品出口总额1 103万美元，其他出版物产品726万美元，而报刊类产品的出口则非常少，仅为11万美元。

具体来看，中国对伊拉克的图书产品出口主要集中在490199和490300两类产品，这两类产品的五年出口额分别约321.8万美元和768.2

① 邱红艳. 中国对阿拉伯地区的图书传播［J］. 对外传播，2014（11）：12-14.
② 邱红艳. 中国对阿拉伯地区的图书传播［J］. 对外传播，2014（11）：12-14.
③ 荆孝敏. 图书搭建桥梁，文化通向心路——五洲传播出版社的对外合作与推广［J］. 出版参考，2019（9）：14-16.
④ 王媛. 展会架起出版丝路图书融通中外文化——第22届北京国际图书博览会综述［J］. 中国出版，2015（18）：7-11.
⑤ 王媛. 展会架起出版丝路图书融通中外文化——第22届北京国际图书博览会综述［J］. 中国出版，2015（18）：7-11.

万美元，占比分别为 29.2％和 69.6％。从趋势上看，中国对伊拉克图书产品出口总体呈显著增长态势。

从其他出版物产品出口情况看，中国对伊拉克的其他出版物产品出口覆盖了全部产品类别，最主要集中在 490900、491000 和 491110 三个类别。从出口总量上看，490900 和 491000 两类产品五年出口总额较高，分别达 278.8 万美元和 217.7 万美元，而 491110 类产品五年出口总额仅为 107.5 万美元。但从 2016 年以来，前两类产品出口额明显下滑，而 491110 类产品的出口从 2014 年开始，一直保持明显增长势头。

四十九、中国与格鲁吉亚出版贸易格局研究

"一带一路"倡议提出以来，中国和格鲁吉亚的出版交流合作在多个层面上得到发展和加强。例如，格鲁吉亚第比利斯自由大学等高等学府创办了"中格传媒 Sinomedia"，"格鲁吉亚议会国家图书馆开设了中国图书角，中国国际图书馆也计划开设格鲁吉亚图书角"，这些举措更好地推动了"两国人民在教育和文化领域的合作"。[①] 2018 年，商务印书馆和格鲁吉亚金羊毛出版社在北京国际图书博览会上举行了国际编辑部揭牌仪式，联合编辑部的成立有助于商务印书馆利用格鲁吉亚当地知名出版机构的资源和渠道，"出版和传播有关中华语言、历史、文化的典籍、教材、工具书、一般读物，以及反映中国特色社会主义理论和建设实践的优秀学术著作，帮助海外读者学习中国语言，了解中国的历史传统、文化、现代化发展历程、发展成果和发展经验。"[②] 译林出版社也与黎巴嫩阿拉伯科学出版社开启全方位战略合作，旨在借助阿拉伯科学出版社渠道优势，"进一步拓展小语种市场，深挖'一带一路'国家的客户资源"，开辟格鲁吉亚、保加利亚等版权输出市场。[③]

中国出版集团高度重视"一带一路"多样文化给出版工作提供的"丰

---

① 渠竞帆. "一带一路"带动中外文化与出版相通相融［N］. 中国出版传媒商报，2017 - 5 - 12 (6).

② 于殿利. 坚持精品战略拓展国际合作的深度和广度［N］. 国际出版周报，2018 - 9 - 17 (9).

③ 孙珏. 从 BIBF 热门活动看出版新模式［N］. 中国出版传媒商报，2018 - 8 - 31 (2).

富的选题资源和市场空间",截至 2015 年 9 月,出版集团就与格鲁吉亚等
"一带一路"国家达成 20 多项版权签约。① 从 2015 年开始,中译出版社开
始组织策划"外国人写中国计划"系列图书,"通过汉学家与中国交往的
历史让外国人对中国文化、中国的发展变化有深入的了解",首批便与格
鲁吉亚汉学家玛琳娜等签订了合同。② 此外还有一些出版社组织出版了
《格鲁吉亚语汉语词典》等词典和工具书,为加强我国与格鲁吉亚的文化
交流作出了贡献。③

在 2013 年至 2017 年间,中国共向格鲁吉亚出口图书产品 367.87 万美
元,出口其他出版物产品 70.2 万美元,报刊产品出口仅数千美元,五年
间,中国向格鲁吉亚出口的出版产品总额约为 438.25 万美元。

具体到图书出口领域,中国对格鲁吉亚的出口主要集中在 490199
和 490300 两类产品,两类产品五年出口总额分别为 224.3 万美元和 141.8
万美元,占比分别为 60.97% 和 38.55%。据统计,2013 年后,490199 的
出口额下滑明显,而与此同时,490300 类产品的出口额则不断攀升。
在 2017 年,490300 类产品的出口额已明显超过了 490199 类产品的出
口额。

在其他出版物产品方面,中国向格鲁吉亚的出口主要为 490510、
490890、490900、491000 和 491110 五类产品,五年出口总额分别为 17.66
万美元、4.17 万美元、15.79 万美元、14.2 万美元和 18.24 万美元。从五年
出口总额看,除了 490890 类产品出口额明显较少外,其他几类产品出口额
大致相同,均在 15 万美元左右。

五十、中国与亚美尼亚出版贸易格局研究

2011 年 4 月,国家新闻出版总署与亚美尼亚文化部在亚美尼亚签署合
作备忘录,"签约双方鼓励两国在新闻、出版、印刷、发行及版权等领域
开展合作,举办研讨会、培训班等交流活动;支持两国出版机构开展出版

---

① 文一. 翻译出版在"一带一路"战略中发力 [N]. 人民日报海外版,2015 - 9 - 1 (7).
② 舒晋瑜. 张高里:走出去仍是拓荒之旅 [N]. 中华读书报,2017 - 10 - 25 (6).
③ 刘志伟."一带一路"出版动向观潮 [N]. 中国出版传媒商报,2017 - 5 - 12 (2).

合作，鼓励用本国语言介绍、翻译、出版对方国家文学作品以及其他政治、经济、历史、科技等书籍，并向翻译本国优秀作品的对方出版机构提供适当资助。"①

依托国务院批准设立的"中华思想文化术语传播工程"，外语教学与研究出版社积极促进"术语系列丛书"在"一带一路"国家的出版发行，目前已达成亚美尼亚语等 26 个语种的版权输出，亚美尼亚语版还获得"丝路书香工程"翻译项目的资助。② 此外，在外研社保加利亚中国主题编辑部的带动下，"中国故事系列"、《中国文化读本》的亚美尼亚语版、波兰语版、克罗地亚版陆续出版。③ 五洲传播出版社注重结合受众接受情况，挑选中国经典名著中的有趣故事进行改编，"集合成英文版'中国经典名著故事丛书'"，其中不少如《西游记故事》《水浒传故事》《西厢记故事》等输出了亚美尼亚文、西班牙文等多个版权。④ 中国少年儿童出版社克服新冠肺炎疫情带来的冲击，大力推动精品童书在"一带一路"国家的出版和发行，"伟大也要有人懂"系列图书如《伟大也要有人懂——一起来读毛泽东》等成功输出亚美尼亚语、英语、意大利语等多语种版权，受到社会的高度肯定。⑤

总体而言，中国与亚美尼亚的出版产品贸易额不大。在 2013 年至 2017 年间，中国共向亚美尼亚出口图书产品 44.79 万美元，出口其他出版物产品 7.84 万美元。

具体而言，在图书出口方面，中国向亚美尼亚的出口主要为 490199 类产品，该类产品五年出口总额为 40.42 万美元。而中国向亚美尼亚的出口的其他出版物产品则主要为 491110 类，此类产品出口总额约 4.85 万美元。

① 国家新闻出版总署与亚美尼亚文化部签署合作备忘录 [M] //中国印刷技术协会. 中国印刷年鉴. 北京：机械工业出版社，2012：109.

② 邵磊，魏冰. 创新求变，推动"走出去"高质量发展 [J]. 出版参考，2019 (12)：27 - 31.

③ 苗强. 从版权输出到海外中心建设——外研社国际汉语出版中心的"走出去"之路 [J]. 出版参考，2018 (6)：25 - 27.

④ 徐来. 做中外文化交流的专业使者——专访五洲传播出版社国际合作部主任姜珊 [J]. 全国新书目，2017 (11)：28 - 31.

⑤ 沈利娜. 严寒过后还是春——从国际合作看疫情后的中国少儿出版 [J]. 出版广角，2020 (7)：14 - 17.

五十一、中国与阿塞拜疆出版贸易格局研究

中国音乐学院出版社作为集"科研—创作—表演—出版"为一体的出版创新机构，其与国外出版社彼得斯出版社合作出版的"丝绸之路的回想——中国作曲家管弦乐新作品"系列图书，"不仅是对国家'一带一路'倡议的积极响应，也标志着在中国专业音乐文化走出去的进程中又迈出了坚实的一步"，目前，部分作品已在阿塞拜疆等国家成功演出，取得了良好的社会反响，"向世界展示了中国当代作曲家对于多元文化的开放包容的文化关照和独特的艺术诠释"。[①]

新疆经济报系在积极推动媒介融合发展的基础上，发挥地缘、语言和文化优势，"在全国边疆省区党报中率先尝试和探索从区域传播迈向国际传播"，与阿塞拜疆、俄罗斯等国的媒体建立了合作关系，不仅为相关国家媒体提供了大量的新闻线索，也在无形间"掌握了一定的中国—中亚区域经贸领域的话语权"。[②] 第 24 届北京国际图书博览会加大了对"一带一路"国家的宣传力度，"新增参展品牌出版企业 100 多家，海外展商 1 400 多家"，阿塞拜疆等国家更是首次在图博会设展，"开展形式多样的出版交流活动""促进国际版权贸易和出版行业之间的交流与合作。"[③]

在 2013 年至 2017 年间，中国对阿塞拜疆的出版产品出口主要集中在图书产品和其他出版物产品，两类产品的五年出口总额分别为 14.7 万美元和 34.9 万美元。根据统计，2017 年，中国共向阿塞拜疆出口其他出版物产品 14.06 万美元，但 2015 年的出口额却仅为 1.89 万美元，这在一定程度上表明我国对阿塞拜疆的出版产品出口规模并不稳定。

具体而言，在图书产品出口方面，中国对阿塞拜疆的出口主要为490199 类产品和 490300 类产品，两类产品的五年出口总额分别为 8.81 万美元和 5.84 万美元。而中国对阿塞拜疆出口的其他出版物产品主要

---

① 邢媛媛. 国际出版社接力谱写"丝路"华章 [N]. 中国新闻出版广电报，2019 - 6 - 3 (6).

② 才让卓玛. 新疆经济报系国际传播的特色和效果分析 [J]. 对外传播，2014 (9)：33 - 35.

③ 李悦. BIBF 持续打造国际一流书展 [N]. 中国出版传媒商报，2017 - 8 - 22 (19).

为 490890、490900 和 491110 三类产品，出口总额分别为 18.2 万美元、9.66 万美元和 5.28 万美元。

五十二、中国与土耳其出版贸易格局研究

2011 年 7 月，新疆人民出版社和土耳其中国经济协作友好协会共同签署了"维吾尔文版中国古典文学名著的土耳其文翻译出版合作协议"，作为两个机构增进两国文化交流的重要举措，该项目有助于"把中国的优秀文化带到土耳其，把土耳其的先进文化带到中国来。"[1] 2012 年 11 月，国家新闻出版总署和土耳其文化旅游部在伊斯坦布尔签署新闻出版合作谅解备忘录。根据备忘录，中国和土耳其将分别担任 2013 年伊斯坦布尔国际书展、2014 年北京国际图书博览会主宾国。[2] 2013 年，中国知网（CNKI）土耳其站点启动仪式在伊斯坦布尔亚普展览中心中国主宾国活动区举行，中土两国新闻出版界相关人士参加了启动仪式。[3]

译林出版社全面落实《加快推进我国新闻出版业向周边国家和"一带一路"沿线国家"走出去"工作方案》，大力开拓"一带一路"国家的版权输出市场，目前已将土耳其等国家发展成为"译林出版社稳定的版权输出国，有相对稳定的合作客户"，虽然面临多种困难，但该社推出的"中国作家走进土耳其"项目八部作品最终顺利在土耳其出版发行。[4] 2017 年，天津人民美术出版社和新疆文化出版社联合承担的国家出版基金资助大型出版项目《西域美术全集》的版权成功输出土耳其等"一带一路"国家，"不仅充分展示了这部经典著作的艺术魅力，而且对'一带一路'沿线国家的文化交流将会产生十分积极的影响。"[5] 在 2020 新冠肺炎疫情防控背

---

① 亦飏. "维吾尔文版中国古典文学名著的土耳其文翻译出版合作项目"签约［J］. 新疆新闻出版，2011（4）：61.

② 中土新闻出版合作谅解备忘录签署仪式在土耳其伊斯坦布尔市举行［M］//柳斌杰，邬书林. 中国出版年鉴. 北京：《中国出版年鉴》杂志社有限公司，2013：295.

③ 中国知网土耳其中心站点启动仪式在伊斯坦布尔举行［M］//柳斌杰，邬书林. 中国出版年鉴. 北京：《中国出版年鉴》杂志社有限公司，2014：291.

④ 赵薇. "一带一路"版权输出长效发展模式探究——以译林出版社为例［J］. 出版广角，2019（21）：17-19.

⑤ 《西域美术全集》版权成功输出土耳其和哈萨克斯坦［M］//柳斌杰，邬书林. 中国出版年鉴. 北京：《中国出版年鉴》杂志社有限公司，2018：295.

景下，江苏凤凰少年儿童出版社策划的"童心战'疫'·大眼睛暖心绘本"系列图书版权成功输出土耳其等 5 个国家，截至 2020 年 4 月，"这套抗疫绘本海外输出国家总数已达 13 家，已有 10 种不同语言版本出版，影响扩大至亚洲、北美、欧洲、非洲等地区。"①

中国对土耳其的出版产品出口主要集中在图书产品和其他出版物产品，报刊产品出口额则非常小。据统计，在 2013 至 2017 年间，中国向土耳其出口的图书产品总额约为 580 万美元，年均出口额约 116 万美元，总体保持稳定。五年间，其他出版物产品出口总额则为 2 467 万美元，是图书产品出口总额的 4 倍多。不过，2014 年后，中国对土耳其的其他出版物产品出口额下滑十分明显，2017 年仅为 236.5 万美元，仅为 2014 年峰值的 31.7%。

具体来看，在主要的 4 个图书产品类别中，中国对土耳其的出口主要集中在 490199 和 490300 两个类别。这两个类别图书产品五年出口总额分别为 227 万美元和 344.7 万美元，合计占图书五年出口总量的 98.6%。而在其他出版物产品出口方面，除了 490591 和 490599 两类产品，其他产品类别的出口都相对较为稳定，490890 类产品出口最多。五年间，中国共向土耳其出口 490890 类产品 1 936 万美元。

五十三、中国与叙利亚出版贸易格局研究

自 1956 年建交以来，中国和叙利亚在政治、经贸、文化等领域的交流与合作得到不断的发展。具体到新闻出版和广播电视领域，"中国不仅长期参加叙利亚大马士革国际书展，把大量新中国书刊发行到中东阿拉伯国家、地区，而且还在 20 世纪 50 年代就与叙利亚的图书出版机构开展合作，由叙利亚出版社出版发行中国领导人的著作，叙利亚成为中东地区与中国合作出版最多的国家之一。"② 1995 年，中叙签署了广电领域合作协议，"中叙双方都向对方提供了有关政治、经济、社会、文化、体育及儿童诸

---

① 李桥. 苏少社抗疫绘本新增法国、德国、土耳其等 5 国版权输出 [J]. 出版发行研究，2020（4）：23.

② 何明星. 叙利亚，向阿拉伯世界介绍新中国 [J]. 出版史料，2010（3）：106 - 109.

方面的广播节目。"此外，中国驻叙利亚大使馆多年来向叙利亚电视台提供了20多部故事片和大量的纪录片，"反映我国历史文化和改革开放以来各条战线所取得的成果，以及人民精神面貌的影片深受叙利亚人民的欢迎和喜爱。"①

在第22届北京国际图书博览会上，五洲传播出版社和阿拉伯出版商协会牵头签订了《"中阿典籍互译出版工程"合作备忘录》，"展现了中国和阿拉伯国家的优秀历史、灿烂文明，反映了中阿双方政治、经济、文化、社会的发展成就。"中国接力出版社和埃及智慧宫文化投资（出版）公司受中国出版协会少年儿童读物工作委员会与阿拉伯少儿出版协会的委托，发起组织"中阿童书出版论坛"，吸引叙利亚等国家的15家少儿出版机构参加，"促进了中阿少儿出版的进一步合作发展"。② 叙利亚出版商协会主席海赛姆·哈菲兹·莫霍克也积极呼吁"中国和叙利亚的出版社……建立起长期的合作关系，共同建立新的图书市场，在阿拉伯地区出版发行中国的图书，在中国的图书市场出版发行阿拉伯书籍"，进而加强中叙两国的文化对话。③

中国与叙利亚的出版贸易主要集中在图书产品出口和其他出版物产品出口，而又以后者居多。在2013年至2017年间，中国共向叙利亚出口图书产品195.3万美元，出口其他出版物产品266.5万美元，合计出口总额约为462万美元。中国对叙利亚的图书产品年度出口额波动幅度较大，而其他出版产品的出口则相对稳定。

具体而言，从图书产品出口情况看，中国向叙利亚的出口主要集中在490199和490300两类产品，而490110和490191两类图书产品则几乎没有出口记录。在其他出版物产品出口方面，中国向叙利亚的出口则主要集中在490890类产品，该类产品五年出口总额237.4万美元，占比达89.1%。

---

① 李生俊. 中叙在广电领域的合作与发展 [J]. 阿拉伯世界，2000 (2)：22 - 24.
② 王媛. 展会架起出版丝路图书融通中外文化——第22届北京国际图书博览会综述 [J]. 中国出版，2015 (18)：7 - 11.
③ 海赛姆·哈菲兹·莫霍克. 海赛姆·哈菲兹·莫霍克：加强中叙文化对话 [N]. 国际出版周报，2017 - 8 - 28 (11).

五十四、中国与约旦出版贸易格局研究

童书出版是中外出版交流合作的一大亮点,近年来,希望出版社高度重视原创儿童绘本的策划出版,推出的《再见》《圣诞雪人》等精品童书的版权输出约旦、韩国等国家,有力促进了中国出版的国际化发展历程。[①]北京师范大学出版社与约旦阿克拉姆出版集团合资成立北京师范大学出版社约旦分社,"影响力辐射到周边 22 个阿拉伯国家",对中国学术出版"走出去"起到较为积极的促进作用。[②] 此外,北京师范大学出版社还与约旦安曼文化局合作出版了《文明的追随》,得到约旦读者的较多的关注。[③] 五洲传播出版社更是积极拓展"一带一路"沿线国家图书出版市场,与约旦等多个国家开展合作,"在版权输出国别上取得新突破,多语种全面开花,走出去版图不断扩大"。[④]

在法兰克福国际书展上,新蕾出版社化被动为主动,多次举办原创作家作品版权推介活动,"'沈石溪动物绘本'系列就以其鲜活生动的故事和充满特色的插图吸引了众多外商关注,约旦出版社在会谈现场即与我社签订了阿拉伯文版权输出合作协议",不仅提升了中国作家的国际知名度,也拓宽了中国故事的传播范围。[⑤] 在 2019 年 8 月举办的第 26 届北京国际图书博览会暨第 17 届北京国际图书节,以及第 9 届中国数字出版博览会上,约旦空间出版社社长纪哈德·艾布·哈希什发表主题演讲,深化中国和约旦出版界对彼此的认知和了解。[⑥]

中国对约旦出口的出版产品主要包括图书和其他出版物产品两类。

[①] 靳金龙. 新时代童书出版产业的现实困境与路径突围 [J]. 中国编辑,2020(Z1):70-75.

[②] 刘杨. 中国学术出版"走出去":经验梳理与路径探索 [J]. 河南大学学报(社会科学版),2020,60(1):150-156.

[③] 马迁. 中国图书"走出去"的出版现状与模式探析——以"一带一路"沿线阿拉伯国家为例 [J]. 文化产业,2019(23):24-25.

[④] 姜珊. 以农村包围城市战略,推进出版"走出去"工作 [J]. 出版参考,2019(12):24-26.

[⑤] 李琳. 中国主题图书国际关注度提升 [N]. 国际出版周报,2019-10-28(10).

[⑥] 吴凤鸣. 全球版权贸易和全民阅读的盛宴——中国国际展览中心三大行业盛会侧记 [J]. 新阅读,2019(9):10-12.

在 2013 年至 2017 年间，中国共向约旦出口图书产品 424 万美元。五年间，中国共向约旦出口其他出版物产品 529.5 万美元。

具体而言，在图书产品出口方面，中国对约旦的出口主要集中在490199 和 490300 两类产品，两类产品五年出口总额分别为 93.7 万美元和 309.8 万美元。在其他出版物产品出口方面，除了 490591 和 450599 两类产品出口较少，其他类别产品的出口都相对稳定。

五十五、中国与以色列出版贸易格局研究

2000 年，中国期刊代表团应以色列期刊协会的邀请，访问了以色列，不仅与以色列期刊界人士进行了广泛的交流，还通过对报刊社、出版社的调研，增加了对以色列新闻出版业发展情况的了解。[①] 2002 年，以色列期刊协会率团访问上海，与上海市期刊协会，及上海世纪出版集团等出版机构就出版合作相关问题进行了交流沟通，同时对上海书城、上海图书馆等机构进行了实地调研。[②] 2009 年 6 月，以色列期刊协会代表团访问了新疆，与新疆新闻工作者协会及新疆当地的期刊界代表进行了交流，探讨了期刊出版交流合作等议题。[③]

2014 年，为配合以色列总统佩雷斯访问，五洲传播出版社积极启动《中国和以色列友好故事集》编辑策划工作，在较短时间内实现中、英文版本《中国和以色列友好故事集》的出版发行，并于 2016 年和以色列出版社达成希伯来文版的版权输出协议。[④] 中国人民大学出版社发挥学术资源集聚优势，积极推动面向"一带一路"国家的学术出版"走出去"。2016年，中国人民大学出版社设立以色列分社，这也是中国出版机构首次在以色列设立分支机构。在分社成立后不长的时间里，就"出版希伯来文版图书 10 余种"，并于 2018 年 10 月，推出以色列著名汉学家欧永福翻译的

---

① 中国期刊代表团访问以色列 [J]. 出版参考，2000（10）：5.

② 陈志雄. 以色列期刊代表团访沪 [M] //殷一璀. 上海年鉴. 上海：上海年鉴社，2003：336.

③ 以色列期刊协会主席访问新疆 [M] //武星. 新疆年鉴. 乌鲁木齐：新疆年鉴社，2009：370.

④ 吴娅民. 拾掇吉光片羽，让故事入眼入心 [N]. 中国新闻出版广电报，2019 - 6 - 3（6）.

《晏子春秋（汉英文对照版）》。① 2016 年 1 月，国家新闻出版广电总局代表团访问以色列，与以色列外交部签署《中华人民共和国新闻出版广电总局与以色列外交部在文学和翻译领域的合作谅解备忘录》，"开启两国在新闻出版领域交流与合作的新篇章"。② 2017 年 6 月，中国图书展首次在耶路撒冷国际书展亮相，书展期间，中国出版代表团和以色列多家出版机构进行了版权贸易接洽和协商，"双方将在新闻出版领域开展深入交流与合作。"③

中国与以色列的出版贸易主要集中在图书产品和其他出版物产品。在 2013 年至 2017 年间，中国对以色列的图书产品出口总额为 2 039.69 万美元，其他出版物产品出口总额为 1 005.55 万美元。

具体来看，中国对以色列的图书出口主要集中在 490110、490199 和 490300 三类产品，五年出口总额分别为 89.79 万美元、867.56 万美元和 1 081.74 万美元。

其他出版物产品方向，中国向以色列的出口集中在 490510、490810、490890、490900、491000 和 4911106 类，其中以 490900 类产品居多，五年出口总额约 495.52 万美元，占其他出版物产品出口总额的 49.28%。

五十六、中国与巴勒斯坦出版贸易格局研究

"一带一路"倡议提出以来，我国已与多个沿线国家签署了政府间双边图书互译协议，其中包括巴勒斯坦等西亚北非国家（占比 45%）。④ 五洲传播出版社在推动传统图书"走出去"的同时，十分注重新旧出版的融合

---

① 张桢."高端学术国际出版"助人大社再获"走出去"殊荣 ［N］. 国际出版周报，2019 - 6 - 24 (6).

② 《中华人民共和国国家新闻出版广电总局与以色列外交部在文学和翻译领域的合作谅解备忘录》在以色列签署 ［M］//柳斌杰，邬书林. 中国出版年鉴. 北京：《中国出版年鉴》杂志社有限公司，2017：201.

③ 中国图书展亮相第 28 届耶路撒冷国际书展 ［M］//柳斌杰，邬书林. 中国出版年鉴. 北京：《中国出版年鉴》杂志社有限公司，2018：300.

④ 郝婷. 中国主题图书在"一带一路"沿线国家出版发行情况简析——以丝路书香工程重点翻译资助项目为例 ［J］. 中国编辑，2018 (12)：46 - 52.

发展，打造 that's books 多文版中国数字内容运营平台，与来自巴勒斯坦等国的 40 多家出版商签订了数字内容授权合作协议，目前该平台"成为全球阿语数字内容资源覆盖国家最多的阅读平台"。①

2017 年 2 月，人民天舟出版社签约作者、著名儿童文学作家杨鹏，在第 23 届卡萨布兰卡国际书展期间，与巴勒斯坦等国作家和出版界共同"交流了童书出版的困境和愿景""介绍了多国联合写作计划，并探讨了版权全产业链深度开发的可能性。"② 2019 年 4 月，中国首次担任德黑兰国际书展主宾国，组织策划了"一带一路"与民心相通论坛等系列活动，巴勒斯坦等多个国家驻伊朗使馆或办事处的代表参与了相关交流讨论活动。③

从出版贸易数据看，中国与巴勒斯坦的出口贸易额较小。在 2013 年至 2017 年间，中国共向巴勒斯坦出口图书产品 6.3 万美元，出口其他出版物产品 13.83 万美元。

五十七、中国与沙特阿拉伯出版贸易格局研究

作为第 20 届北京国际图书博览会的主宾国，沙特阿拉伯出版界准备了 60 余种图书的译介项目，内容涵盖沙特阿拉伯历史、教育、地理及文学作品等多个类别，其中 12 册翻译项目被中国出版集团获得，相关图书中译本的推出增加了中国读者对沙特阿拉伯历史和现状的了解。④ 2013 年 8 月，沙特阿拉伯高等教育大臣访问中国，得到国家新闻广播电视总局相关领导的接见，双方围绕进一步扩大中国和沙特阿拉伯的图书出版和文化交流合作进行了深入的探讨。⑤

从 2014 年"丝路书香工程"组织实施以来，其重点翻译资助项目已

---

① 刘志伟."一带一路"出版动向观潮 [N]. 中国出版传媒商报，2017 - 5 - 12 (2).
② 陆虹宇. 灯塔出版社循序渐进，完成"走进去""三步走"战略 [J]. 出版参考，2019 (12)：97 - 99.
③ 刘叶华."一带一路"出版合作需求在伊强烈 [N]. 国际出版周报，2019 - 5 - 13 (10).
④ 章红雨. 张高里：中国出版人以实力打动沙特 [N]. 中国新闻出版报，2013 - 8 - 28 (15).
⑤ 阎晓宏在北京会见沙特阿拉伯王国高等教育大臣哈立德·本·穆罕默德·安卡利博士一行 [M] //柳斌杰，邬书林. 中国出版年鉴. 北京：《中国出版年鉴》杂志社有限公司，2014：290.

经与沙特阿拉伯等6个国家建立了双方经典作品和优秀当代图书互译机制。① 目前，中国出版机构每年参加的"一带一路"沿线国家书展40多个，"中国主宾国活动已在斯里兰卡、印度、罗马尼亚、阿联酋等沿线7个国家书展上成功举行"，北京国际图书博览会"已成为中国出版与世界出版、世界各国出版之间交流合作的大舞台，沿线国家参展数量超过40个，沙特、阿联酋、中东欧16国先后担任主宾国。"② 大连出版社高度重视原创儿童文学作品的策划发行，其推出的"大白鲸"儿童文学系列图书，如《大熊的女儿》《拯救天才》等成功入选2018年"中国图书对外推广计划"项目，共有40多种"大白鲸"优秀作品的版权输出到沙特阿拉伯等国。③ 社会科学文献出版社具有丰富的学术出版资源，近年来，其与沙特阿拉伯大学等多个相关机构签署"中国现当代文学研究"系列出版合作协议，提升了中国学术出版在"一带一路"的国家的品牌传播力。④

在2013年至2017年间，中国共向沙特阿拉伯出口各类出版产品5 698.34万美元。其中，其他出版物产品出口总额最多，达3 874.38万美元，占比67.99%；图书出版产品出口总额紧随其后，为1 755.35万美元，占比30.8%；报刊产品的出口额最少，仅为68.6万美元，占比1.2%。

五十八、中国与巴林出版贸易格局研究

2010年5月，中国与阿拉伯国家在巴林举行了第二届中国—阿拉伯国家新闻合作论坛，在论坛公报中，中阿双方表示将不断深化新闻出版交流与合作，"共同应对时代发展的新情况和国际新闻领域的新挑战，高度重视与时俱进、顺应发展，维护中阿人民的共同利益。"⑤ 中国外文局（中国

① 陈含章. 出版"走出去"：回望来路眺望前方 [N]. 中国文化报，2017-3-4（2）.
② 吴尚之. 共同开创"一带一路"出版合作新未来 [N]. 中国新闻出版广电报，2017-8-23（2）.
③ 刘明辉. 从引进来到走出去 [N]. 中国新闻出版广电报，2019-8-19（T08）.
④ 李延玲. 图书"走出去"要注重五点 [N]. 新华书目报，2016-8-26（13）.
⑤ 王南. 中阿媒体交流与合作刍议 [J]. 阿拉伯世界研究，2011（1）：33-41.

国际出版集团）通过举行年度性国际出版选题会，及积极主动参加相关国家有影响力的书展等措施，带动所属出版机构图书版权的输出，目前，已实现向巴林等 50 多个国家和地区的版权输出，"为中国文化更全面、广泛地走向世界打下了坚实的基础。"①

"一带一路"倡议提出以来，我国与包括巴林在内的 30 多个沿线国家签订了政府间双边图书互译协议，为中国图书出版产品进入沿线国家提供了良好的政策空间。② 自 2016 年 8 月成立起来，中央电视台、中国国际电视总公司发起的"丝路电视国际合作共同体"已经成长为推动"一带一路"建设、促进沿线国家民众民心相通的重要平台，其所推出的电视剧《生活启示录》等在巴林电视台等多个阿语地区电视台播放，取得良好的社会反响。③ 2018 年，大连理工大学出版社推出包括《巴林》分册在内的 34 卷本《"一带一路"国别概览》，这套丛书在提供相关国家"全景式国情介绍的同时，更独创性地从'一带一路'政策出发，引用实际案例阐述中国与各国的贸易情况"，不仅"为政府、企业和个人在政策、投资、研究等方面提供智力支持"，也为普通民众了解相关国家的基本情况提供了较好的参考。④

从出版贸易数据看，中国与巴林的出版贸易主要集中在图书和其他出版物产品。在 2013 年至 2017 年间，中国共向巴林出口出版产品 235.84 万美元，其中图书产品贸易总额为 77.1 万美元，其他出版物产品贸易总额为 176.73 万美元。

具体来看，中国向巴林出口的图书产品主要为 490199 和 490300 两类，五年出口总额分别为 50 万美元和 24.48 万美元。在其他出版物产品出口方面，中国向巴林的出口则主要为 490810 和 491110 两类产品，五年出口总额分别为 82.89 万美元和 33.92 万美元。

---

① 平方. 大美由此出中国 [N]. 中华读书报，2012 - 1 - 11 (5).
② 郝婷. 中国主题图书在"一带一路"沿线国家出版发行情况简析——以丝路书香工程重点翻译资助项目为例 [J]. 中国编辑，2018 (12)：46 - 52.
③ 唐世鼎. 丝路电视国际合作共同体："一带一路"文化交流的纽带 [J]. 对外传播，2018 (5)：20 - 22.
④ 大连海事大学出版社《"一带一路"国别概览（34 卷）》[M] //柳斌杰，邬书林. 中国出版年鉴. 北京：《中国出版年鉴》杂志社有限公司，2019：683.

五十九、中国与卡塔尔出版贸易格局研究

中华人民共和国成立之后，以叙利亚大马士革出版社为中介，《毛泽东选集》《青春之歌》《林海雪原》等图书被翻译成阿拉伯文，在卡塔尔等中东国家展销与推广。[①] 2011 年，在第二届中阿经贸论坛之际，黄河出版传媒集团举办了"宁夏国际穆斯林出版机构版权贸易洽谈会"，并在会上联合西安外国语学院、卡塔尔拉夫慈善基金会启动"十年千部经典出版工程"，促进了我国与相关国家的出版交流与合作。[②]

近年来，国家新闻出版管理部门高度重视阿拉伯语翻译和出版人才的培养。经过数年的努力，目前在卡塔尔等阿拉伯国家，"均有丝路书香出版本土化项目和中外合作出版项目支持下设立的中国出版企业的本土化机构。"[③] 五洲传播出版社在"走出去"过程中高度重视数字技术的采纳与应用，建成 that's books 多文版中国数字内容运营平台，并已与卡塔尔等 10 余个阿拉伯国家的 40 多家本土出版商签订了是数字内容授权合作协议。[④] 此外，五洲传播出版社还积极运作与国际知名连锁书店的合作，"使最新的中国主题图书直接进入海外前沿市场"。[⑤] 自 2015 年成立以来，安徽少年儿童出版社下属境外出版机构时代未来有限责任公司，每年都组织参加沙迦国际书展等中东地区知名国际书展，2018 年，"首批 20 台满载时代未来有限责任公司图书产品的自动售书机在多哈国际书展精彩亮相"，得到卡塔尔《国家报》等多家当地主流媒体的集中报道和图书市场的广泛好评。[⑥]

在 2013 年至 2017 年间，中国共向卡塔尔出口出版产品 417.42 万美

① 何明星. 叙利亚，向阿拉伯世界介绍新中国 [J]. 出版史料，2010 (3)：106 - 109.
② 李丽. 2012 多渠道多区域跨行业走出去 [N]. 中国图书商报，2012 - 11 - 9 (51).
③ 刘叶华，刘莹晨，朱宝元. 从丝路书香工程实践经验谈中国出版合作项目的溢出效应 [J]. 出版参考，2017 (8)：9 - 13.
④ 刘志伟."一带一路"出版动向观潮 [N]. 中国出版传媒商报，2017 - 5 - 12 (2).
⑤ 张斌. 五洲搭书架书香飘四海——五洲传播出版社"中国书架"项目经验与启示 [J]. 对外传播，2019 (2)：36 - 38.
⑥ 王利. 国际组织、国际书展，为少儿出版"走出去"插上双翼 [J]. 出版广角，2019 (11)：6 - 9.

元，其中报刊产品出口总额最低，约 11.43 万美元。图书产品和其他出版物产品的出口总额大致相同，分别为 182.55 万美元和 223.44 万美元。

具体而言，在图书产品方面，中国向卡塔尔的出口主要为 490199 和 490300 两类产品，五年分别为 83.77 万美元和 98.72 万美元。而在其他出版物产品方面，中国向卡塔尔的出口则主要为 490810、491000 和 491110 三类产品，五年出口总额分别为 56.1 万美元、76.2 万美元和 68.6 万美元。

六十、中国与也门出版贸易格局研究

1999 年，也门通讯社社长带队来华访问，与新华社总编辑展开会谈，双方都表示出进一步加强两国新闻出版合作的愿望。从 2004 年开始，《今日中国》就开始实施外宣期刊"本土化"战略，经过多年的努力，该期刊的读者俱乐部已经出现在也门等多个阿拉伯国家，"把越来越多关注中国的阿拉伯读者聚集在身边。"[1]

2017 年，在"中国周边国家概况及对华关系数据库"长期建设的基础上，复旦大学中国与周边国家关系研究中心组织编写了大型工具书《中国周边国家概览》，涵盖包括也门在内的 64 个中国"大周边"国家，为国内民众了解相关国家的基本情况提供了宝贵的参考。[2]

在 2013 年至 2017 年间，中国对也门的出版产品出口总额为 507 万美元，其中其他出版物产品出口总额最多，达 373.42 万美元，占比 73.65%。图书产品的出口总额为 105.7 万美元。相较之下，报刊产品的出口额则非常有限，五年仅约 27.9 万美元。

具体而言，在图书产品出口方面，中国出口也门的产品主要为 490199 和 490300 两类，五年出口总额分别为 38.37 万美元和 64.68 万美元。在报刊产品出口方面，主要是 490290 类产品，其他三类报刊产品只有极为零星的出口记录。在其他出版物产品方面，除了 490591 和 490599 两类产品，

---

①　经钟.《今日中国》对外传播的本土化探索 [J]. 传媒，2012（4）：29-31.
②　大型工具书《中国周边国家概览》出版 [J]. 世界知识，2017（23）：80.

中国都有向也门出口的记录。其中490810和490890两类产品的出口额相对较高，分别为62.96万美元和42.43万美元。

六十一、中国与阿曼出版贸易格局研究

通过积极参加阿布扎比书展、科威特书展等中东地区有影响力的书展，时代未来有限公司对"一带一路"国家和地区图书市场的开拓取得了显著的成效，仅2018年，就有阿曼等多个中东国家出版商和发行商与时代未来有限公司负责人洽谈合作。[①]五洲传播出版社通过与华为合作，将自建阅读app预置在华为手机中，为中国出版物有效触达阿曼等中东地区国家创造了新的途径。[②]2018年8月，经人民出版社授权，摩洛哥阿曼出版社和灯塔出版社合作翻译出版《以习近平同志为核心的党中央治国理政新理念新思想新战略》，为阿曼等阿拉伯国家更好理解当代中国治国理政的思想与实践提供了有价值的参考。[③]时代未来有限公司也加强了对"一带一路"沿线国家，特别是中东地区国家图书市场的开拓力度，已与阿曼等多个中东国家和出版发行商建立了合作关系。[④]

"丝路书香工程"也大力支持"一带一路"国家小语种翻译出版项目，目前，其所资助的340多个阿拉伯语项目已在阿曼等11个国家落地，"涵盖了阿拉伯地区全部出版大国。"[⑤]2017年2月，人民天舟出版有限公司联合摩洛哥阿曼出版公司等四家阿拉伯地区出版机构，联合推出《屠呦呦传》阿文版，为当地民众了解中国科学家提供了便利条件。[⑥]2019年4月，福建影视界代表团访问中阿卫视迪拜总部，并先后走访了阿曼国家广播电

---

① 古宏霞. 时代未来有限责任公司闪耀中东 [J]. 出版参考，2019（12）：100 - 101, 106.

② 荆孝敏. 图书搭建桥梁，文化通向心路——五洲传播出版社的对外合作与推广 [J]. 出版参考，2019（9）：14 - 16.

③ 陆虹宇. 灯塔出版社循序渐进，完成"走进去""三步走"战略 [J]. 出版参考，2019（12）：97 - 99.

④ 古宏霞. 时代未来有限责任公司闪耀中东 [J]. 出版参考，2019（12）：100 - 101, 106.

⑤ 王珺. 出版业助力"一带一路"文化传播的作用与启示——以丝路书香工程为例 [J]. 出版广角，2019（21）：6 - 9.

⑥ 魏玉山，李晓晔，杨驰原，等. 开拓创新砥砺奋进——党的十八大以来新闻出版业创新成果综述 [J]. 传媒，2017（19）：9 - 15.

视总局等阿拉伯地区媒体，积极推动中国和阿曼等阿拉伯国家的传媒业交流。[①]

图书、报刊和其他出版物产品这三类主要出版产品，中国都有向阿曼的出口记录。在 2013 年至 2017 年间，中国共向阿曼出口图书产品 133.15 万美元。报刊产品和其他出版物产品的出口额大致相同，分别约 24 万美元和 21 美元。

具体而言，中国向阿曼出口的图书产品主要是 490199 和 490300 两类，五年分别为 54 万美元和 78.7 万美元。在报刊产品出口方面，主要是 480100 类产品，其他三类产品则基本没有出口记录。在其他出版物产品出口上，除了 490510、490591、490599 和 490890 四类产品，中国对阿曼都有相对稳定的出口记录，其中 491110 类产品出口总额最多，五年总额为 61.25 万美元。

六十二、中国与阿拉伯联合酋长国出版贸易格局研究

2006 年，阿拉伯联合酋长国等 6 个亚非国家首次在北京国际图书博览会上设展，与参会的中国出版机构就深化彼此间的交流与合作进行了热烈的讨论。[②] 浙江出版联合集团通过与阿联酋商务卫视合作建立出版机构等措施，不断提升出版"走出去"的水平，在 2010 年"经典中国国际出版工程"公布的 99 个入选项目中，该集团有 9 种入选，位居全国第一。[③]

五洲传播出版社自建 that's books 多语种平台，同时与华为在阿语地区开始合作手机阅读服务，覆盖阿联酋等阿拉伯国家。[④] 科技出版"走出去"是中国出版"走出去"的重要内容。在我国与阿拉伯联合酋长国的出版交流中，科技出版扮演了十分重要的角色。例如，中国水利水电出版社

① 杨威. 中阿卫视：助力中国电视剧在阿拉伯国家的传播 [J]. 传媒，2020（4）：26 - 27，29.

② 杨驰原，张征. 追求国际化与中国特色的完美结合——访 BIBF 组委会副主席、中图公司代总经理焦国瑛 [J]. 出版参考，2007（25）：12 - 13.

③ 伍迁. "走出去"本土化战略的新突破——访浙江出版联合集团董事长童健 [J]. 出版广角，2011（4）：18 - 19.

④ 荆孝敏. 对外出版 70 年 [J]. 全国新书目，2020（6）：4 - 5.

有限公司近10年来累计引进图书版权266种，输出版权241种，实现向美国、阿联酋等多个国家和地区的科技图书版权输出。① 在2020新冠肺炎疫情背景下，广东科技出版社积极联络阿联酋等国出版机构，在很短的时间内就陆续实现了《新型冠状病毒感染防护》的多语种全球发行。② 此外，人民天舟摩洛哥分公司——灯塔出版社还通过"合作出版""分公司落地""商业性文化艺术中心"三步走战略，与阿联酋沙迦分社等机构一起，联动布局阿拉伯语、法语和英语市场。③

从出版贸易数据看，中国出口阿拉伯联合酋长国的出版产品相对均衡，图书、报刊和其他出版物产品都有相对稳定的出口记录。其中报刊产品的出口总额偏少，2013年至2017年间的出口总额仅约248万美元。图书产品和其他出版物产品分别为2 504万美元和3 465万美元。

具体而言，在全部4类图书产品中，中国都有向阿联酋出口的记录，但主要集中在490199和490300两类产品上，五年出口总额分别为1 264.5万美元和1 155.6万美元。在报刊产品方面，中国向阿联酋的出口则主要为480100类产品，其他两类产品只有零星出口记录。在其他出版物产品出口方面，中国向阿联酋的出口主要是490890、490900、491000和491110四类产品，五年出口总额分别为1 352.26万美元、566.5万美元、302万美元和964万美元。

六十三、中国与科威特出版贸易格局研究

2014年6月，国家新闻出版广电总局与科威特文化艺术文学国家委员会签署了《中科经典和当代文学作品互译出版项目合作议定书》，为两国出版交流与合作注入新的动力。④ 2014年启动的"丝路书香工程"，是新闻

---

① 宗蕾. 为科技出版助力，让科技阅读成时尚——访中国版协科技出版社委常务副主任吴宝安 [J]. 新阅读，2020 (6)：27 - 28.

② 广东科技出版社. 展现责任与担当广东出版为国际防疫贡献力量 [N]. 国际出版周报，2020 - 5 - 11 (8).

③ 陆虹宇. 灯塔出版社循序渐进，完成"走进去""三步走"战略 [J]. 出版参考，2019 (12)：97 - 99.

④ 中国与科威特《中科经典和当代文学作品互译出版项目合作议定书》在北京签署 [M] //柳斌杰，邬书林. 中国出版年鉴. 北京：《中国出版年鉴》杂志社有限公司，2015：306.

出版领域唯一入选国家"一带一路"建设整体规划的重大项目，该工程的重点翻译资助项目已与科威特等国建立了双方经典作品和优秀当代图书互译机制。①

五洲传播出版社通过在重点城市设置"中国书架"、搭建电子阅读平台等方式，积极布局"一带一路"出版"走出去"工作，目前，该社已在埃及、阿联酋、土耳其、智利、阿根廷、科威特等多个国家设立了"中国书架"，"为世界各国读者提供认识中国的窗口"②，其运营的 that's books 多文版数字内容运营平台也已与来自科威特等 10 多个阿拉伯国家的 40 余家出版商签订了数字内容授权合作协议。③

从出版贸易数据看，中国向科威特出口的出版产品主要是图书和其他出版物产品。在 2013 年至 2017 年间，中国共向科威特出口图书产品 285.49 万美元，出口其他出版物产品 302.12 万美元。

具体来看，在图书产品出口方面，中国向科威特的出口主要为 490199 和 490300 两类产品，五年出口总额分别为 104.27 万美元和 171.96 万美元。在其他出版产品出口方面，除了 490591 和 490599 两类产品，中国对科威特都有相对稳定的出口记录，而又以 490890 和 491110 两类产品出口总额较多。五年两类产品的出口总额分别为 72.1 万美元和 123.23 万美元。

六十四、中国与黎巴嫩出版贸易格局研究

黎巴嫩是中东地区世俗化程度较高的国家，在某种程度上，也承担着中国出版物产品进入中东市场的桥梁功能。外研社十分重视与黎巴嫩及相关阿拉伯国家出版机构的合作关系，长期保持着与黎巴嫩数字未来公司、阿拉伯科学出版社等机构的业务联系，并成功将《中华思想文化术语》《中国故事》《中国经济改革发展之路》等优质图书的版权输出至黎巴嫩和其他阿拉伯国家。④ 早在 2015 年，安徽少儿社就成立了时代未来有限责任

① 范军."一带一路"战略中出版"走出去"的新转变［N］.新华书目报，2016 - 7 - 25 (8).
② 2018 出版"走出去"布新局谋创新［N］.中国出版传媒商报，2018 - 2 - 27 (10).
③ 刘志伟."一带一路"出版动向观潮［N］.中国出版传媒商报，2017 - 5 - 12 (2).
④ 赵雅茹.中国出版走进阿拉伯世界［N］.中华读书报，2019 - 8 - 21 (15).

公司,该公司是"首家获得商务部正式批准的境外出版企业","也是在黎巴嫩注册的首家中黎合资文化企业",此外安徽少儿社主持的中黎文化交流合作平台还入选国家文化出口重点项目。① 2020 年,江苏凤凰少年儿童出版社策划推出兼具专业性、趣味性的"童心战'疫'·大眼睛暖心绘本"(6 册),并积极面向全球推广,目前已和黎巴嫩等国签署了版权输出协议,将以尼泊尔语、阿拉伯语、越南语、印地语和英语等多种语言在全球发行。②

2017 年 8 月,在国务院新闻办、国家新闻出版广电总局和教育部的指导下,中国人民大学出版社发起成立"一带一路"学术出版联盟,联盟"为进一步促进中国与沿线国家学术出版交流合作提供了一个很好的平台",初期即已吸引黎巴嫩等 29 个国家的 92 家出版机构和专业团队加盟。③ 外文出版社也通过与黎巴嫩阿拉伯科学出版社等国外知名出版机构联合成立中国主题图书海外编辑部的形式,加强"一带一路"出版"走出去"工作,目前该海外编辑部已出版《世界经济中国方案》等多种阿文版图书。④ 此外,中国出版集团也与阿拉伯作家协会达成了中阿文学互译合作计划,其中的"少数民族作家海外推广计划"已经成功将多种图书的版权输出至黎巴嫩等国家。⑤

在 2013 年至 2017 年间,中国与黎巴嫩之间几乎没有报刊出口贸易。在图书出口贸易方面,中国对黎巴嫩的图书出口总额为 590 万美元。其他出版物产品为 386 万美。

具体而言,中国对黎巴嫩图书产品的出口主要集中在 490191、490199 和 490300,五年出口总额分别为 51 万美元、286.67 万美元和 250.8 万美元。

从其他类出版产品出口情况看,中国对黎巴嫩的出口主要覆盖 490510、490810、490890、490900、491000 和 491110 六个类别,五年出

① 王利. 走出去重在顶层设计 [N]. 中国新闻出版广电报,2017 - 8 - 28 (7).
② 江苏凤凰少年儿童出版社. 苏少社无偿捐出版权这套原创绘本正走向世界 [N]. 国际出版周报,2020 - 4 - 6 (9).
③ "一带一路"学术出版联盟成立大会在北京举行 [M] //柳斌杰,邬书林. 中国出版年鉴. 北京:《中国出版年鉴》杂志社有限公司,2018:230.
④ 国际编辑如何讲好中国故事 [N]. 中国出版传媒商报,2018 - 8 - 21 (22).
⑤ "少数民族作家海外推广计划"正式启动 [M] //柳斌杰,邬书林. 中国出版年鉴. 北京:《中国出版年鉴》杂志社有限公司,2018:299.

口总额分别为 10.95 万美元、111.2 万美元、136.58 万美元、40.66 万美元、31.36 万美元和 51.97 万美元。

第二节　"一带一路"出版国际贸易的增长潜力研究

一、中国与"一带一路"国家出版贸易规模特征

2013 至 2017 年间，中国对"一带一路"国家出口各类出版产品总额约 14.38 亿美元，年均出口额约 2.88 亿美元（见表 5-2）。

表 5-2　中国向"一带一路"国家出口出版产品出口总额

年　　份	出口总额（美元）
2013	376 244 387
2014	363 358 963
2015	246 809 093
2016	214 480 336
2017	237 418 790

自"一带一路"倡议提出以来，中国与"一带一路"国家出版合作与交流的密切程度有很大提升，但出版贸易额非但没有显著增加，反而在最初几年有所下滑。例如，2013 年，中国共向"一带一路"国家出口出版产品 3.76 亿美元，但 2014 到 2016 年，出口额却逐年下滑。2016 年，中国共向"一带一路"国家出口出版产品 2.14 亿美元，相较于 2013 年少了 1.62 亿美元。不过，2017 年的出口额开始有所回升，达 2.37 亿美元，比 2016 年增加约 0.23 亿美元（见图 5-22）。

从进出口差额的角度看，在与"一带一路"国家的出版贸易中，中国始终处于贸易顺差。2013 至 2017 年，中国与"一带一路"国家出版产品进出口差额为 12.18 亿美元，年均进出口差额为 2.44 亿美元（见表 5-3）。

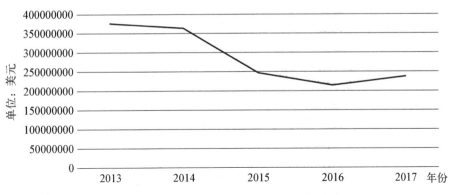

图 5 - 22　中国历年向"一带一路"国家出口出版产品总额

表 5 - 3　中国与"一带一路"国家出版产品进出口差额

年　　份	差额（美元）
2013	324 936 759
2014	319 282 074
2015	219 380 497
2016	158 697 487
2017	195 927 262

不过，从 2013 年开始，中国与"一带一路"国家出版产品进出口差额也在逐渐减少。2013 年，中国的顺差高达 3.25 亿美元，而到 2016 年，仅为 1.59 亿美元。2017 年，则有所回升，为 1.96 亿美元（见图 5 - 23）。

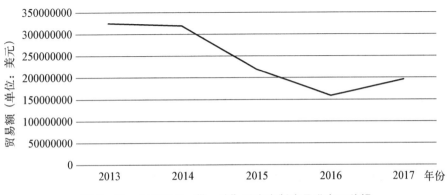

图 5 - 23　中国与"一带一路"国家出版产品进出口差额

二、中国与"一带一路"国家出版贸易结构特征

根据笔者统计，在"一带一路"国家中，中国向马来西亚、印度和新加坡出口的出版产品最多，出口额分别为 1.89 亿美元、1.62 亿美元和 1.56 亿美元。在中国向"一带一路"国家出口出版产品最多的 10 个国家中，5 个属于东南亚国家，3 个属于西亚国家（见表 5 - 4）。

表 5 - 4　中国出口出版产品最多的 10 个"一带一路"国家

国　　家	"一带一路"板块	出口总额（美元）
马来西亚	东南亚	189 375 823
印度	南　亚	162 591 493
新加坡	东南亚	156 112 144
俄罗斯	独联体	127 284 445
印度尼西亚	东南亚	89 840 008
菲律宾	东南亚	71 231 715
伊朗	西　亚	69 062 427
阿联酋	西　亚	62 170 325
沙特阿拉伯	西　亚	56 983 402
泰国	东南亚	54 533 471

从中国向"一带一路"国家出口出版产品的结构看，报刊产品的出口占比最低。从 2013 年至 2017 年间，中国向"一带一路"国家出口报刊产品年均额为 218.32 万美元，但无论是每年出口的绝对值，还是出口额在出版产品出口总额中的比重，基本都呈逐年下滑态势（见图 5 - 24）。

此外，基于对中国"一带一路"国家出版产品出口结构的统计分析还可以发现，中国向"一带一路"国家出口的出版产品最主要集中在图书产品和其他出版物产品，且两者在出版产品出口总额中所占的比重大致相同。不过，五年间，图书产品出口总额及占比与其他出版物产品出口总额及占比的关系，总体呈此消彼长态势，也即图书产品出口总额及占比不断下滑，而其他出版物产品出口总额及占比则缓慢上升（见表 5 - 5）。

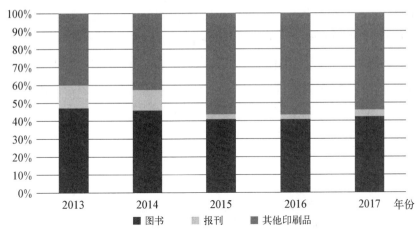

图 5‑24 中国对"一带一路"国家出版产品出口结构

（数据来源：UNCTAD 创意经济数据库）

表 5‑5 中国对"一带一路"国家出版产品出口结构

年份	出口总额	图书出口额（美元）	占比	报刊出口额（美元）	占比	其他出版物出口额（美元）	占比
2013	372 174 266	175 294 148	0.471 0	47 511 969	0.127 7	149 368 149	0.401 3
2014	354 180 574	161 918 381	0.457 2	40 845 121	0.115 3	151 417 072	0.427 5
2015	252 269 094	103 003 587	0.408 3	6 744 399	0.026 7	142 521 108	0.565 0
2016	209 899 993	85 408 478	0.406 9	5 376 063	0.025 6	119 115 452	0.567 5
2017	232 251 993	97 832 927	0.421 2	8 683 309	0.037 4	125 735 757	0.541 4

三、中国与"一带一路"国家出版贸易增长潜力

在"一带一路"倡议下，中国与"一带一路"国家的出版交流与合作"范围深度增加，区域进一步拓展"，"2019 年，我国有 273 家机构与 70 个'一带一路'国家相关出版机构在少儿、文学、医药卫生、文化艺术、教育体育、经济、历史地理、工业技术、农林等图书出版方面建立了联系，'一带一路'国际出版合作普及程度之广可见一斑"①，但从出版贸易情况看，

—————————

① 甄云霞，王珺. 后疫情时代的"一带一路"国际出版合作 [J]. 出版发行研究，2021（3）：13‑20.

中国对"一带一路"国家和地区的出版产品出口仍有较大提升空间。

从2013年到2017年，中国对"一带一路"国家出版产品出口额在中国出版产品出口总额的占比不断下滑。2013年，中国对"一带一路"国家出版产品出口额在中国出版产品出口总额的占比为12.03％，但到了2016年，下滑至7.38％。虽然到了2017年，占比有所回升，但较2013年的峰值仍少4.1个百分点（见表5-6）。

表5-6　中国对"一带一路"国家出版产品
出口在中国出版产品出口中的占比

年份	中国对"一带一路"国家出口额（美元）	出口总额（美元）	占比
2013	372 174 266	3 094 929 268	12.03％
2014	354 180 574	3 165 949 134	11.19％
2015	252 269 094	3 178 431 877	7.94％
2016	209 899 993	2 842 770 342	7.38％
2017	232 251 993	2 927 886 600	7.93％

在图书产品方面，2013年，中国对"一带一路"国家的出口总额为1.75亿美元，占中国图书产品出口总额的9.75％，但随后几年，这一比例下滑。2016年，占比仅为5.25％（见表5-7）。

表5-7　中国对"一带一路"国家图书出口
在中国图书出口总量中的占比

年份	中国对"一带一路"国家出口额（美元）	图书出口总额（美元）	占比
2013	175 294 148	1 796 099 939	9.75％
2014	161 918 381	1 869 268 257	8.66％
2015	103 003 587	1 795 026 361	5.73％
2016	85 408 478	1 625 067 223	5.25％
2017	97 832 927	1 623 956 456	6.02％

从某种程度上说，报刊产品出口是中国对"一带一路"国家出版产品出口的一个亮点。虽然从绝对值上看，中国对"一带一路"国家出口报刊产品的数值在不断下降，但除了2015年的大幅下滑外，其余年份的比重都

较前一年有所增长。2017 年，占比为 39.91％，虽然少于 2013 年的占比，但仍显示出某种较为强劲的出版竞争力（见表 5 - 8）。

表 5 - 8 中国对"一带一路"国家报刊出口在
中国图书出口总量中的占比

年份	中国对"一带一路"国家出口额（美元）	期刊出口总额（美元）	占 比
2013	47 511 969	80 325 159	59.15％
2014	40 845 121	82 430 480	49.55％
2015	6 744 399	41 154 513	16.39％
2016	5 376 063	25 632 406	20.97％
2017	8 683 309	21 756 366	39.91％

在其他出版物产品方面，中国对"一带一路"国家的出口额在中国出版产品出口总额中的占比虽然总体上也在不断下滑，但幅度并不太大，基本保持稳定。在 2013 年和 2014 年，占比分别为 12.36％和 12.47％，而在 2016 年和 2017 年，占比都降到了 10％以下，分别为 9.99％和 9.81％（见表 5 - 9）。

表 5 - 9 中国对"一带一路"国家其他出版物产品出口
在中国其他出版产品出口中的占比

年份	中国对"一带一路"国家出口额（美元）	其他出版物产品出口总额（美元）	占 比
2013	149 368 149	1 218 504 170	12.26％
2014	151 417 072	1 214 250 397	12.47％
2015	142 521 108	1 342 251 003	10.62％
2016	119 115 452	1 192 070 713	9.99％
2017	125 735 757	1 282 173 778	9.81％

第六章

"一带一路"出版贸易增长
潜力影响因素研究

作为党中央统筹国内外大局提出的重大倡议,"一带一路"开启了新时代我国对外开放的崭新局面,也为我国传媒出版出口贸易打开新渠道、开辟新市场、增强新动能提供了宝贵契机。《文化部"一带一路"文化发展行动计划(2016—2020 年)》提到要开拓完善国际合作渠道,大力促进"一带一路"传媒出版贸易合作。然而,"一带一路"国家发展阶段不同,区域、文化及科技发展水平差异较大,对中国传媒出版产品的接受程度也存在很大的差异,故而,通过扎实的实证研究,探究影响我国与"一带一路"国家传媒出版出口贸易的主要因素,可进一步优化我国与"一带一路"国家传媒出版贸易格局,增强我国传媒出版国际竞争力。

第一节　中国出版产品贸易发展趋势

在全球知识经济时代,传媒出版出口贸易不仅是拉动世界经济发展的重要动力,也是世界各国推动自身文化、价值观乃至意识形态在全球范围内广泛传播的重要载体。联合国教科文组织发布的研究报告指出,21 世纪以来,尽管世界经济的发展遭遇数次严重的危机,但同时期的传媒出版出口贸易的增长依然强劲。海外学者对国际传媒出版贸易的实证研究证实,传媒出版贸易发达国家,通过大力推动电影、动漫、音乐、书籍等传媒出版的出口,对世界知识、文化潮流乃至各国的政治意识形态产生了深远的影响。相应地，也有另外一些研究者指出，全球发展中国家和新兴国家同样可以通过推动传媒出版的出口，提高本国文化的国际知名度、影响力乃至国际政治地位。[①]

从 20 世纪末开始，我国组织实施了一系列文化"走出去"工程，为我国传媒出版走出国门，充分参与国际合作与竞争营造了良好的政策环境，提供了有力的资金支持。2016 年，在全球经济形势严峻，中国经济增长速度放缓的大背景下，我国文化与传媒产业依然增长了 12.8%，全年整体市场规模达到 14 382.3 亿元人民币。[②] 而从更长的时间段来观察，2003 年，中国传媒出版出口规模仅为 40.42 亿美元，而 2015 年这一数值已达 186.51 亿美元，是 2003 年的 4.6 倍，发展速度极为迅猛。

然而，对中国传媒出版出口贸易而言，一片繁荣之下亦有不能不重视的隐忧。首先，虽然中国传媒出版出口贸易在过去十多年时间里基本保持着旺盛增长的势头，但近年来这一势头趋于放缓。2013 年，中国传媒出版出口贸易额较 2012 年下降了 10.66%，2014 年的出口额较 2013 年小幅下滑 0.86%。[③] 其次，虽然东南亚、非洲等地国家在中国传媒出版出口市场结构中的位置日益提升，但从整体来看，中国传媒出版最主要的出口国仍局限于美国、日本、德国等发达国家及部分亚洲邻国，缺乏开拓世界上其他国家和地区市场的能力，相应地也就制约了中国传媒出版国际贸易竞争力的进一步提升。

第二节 "一带一路"出版产品贸易研究述评

一、一带一路文化交流研究

学术界关于"一带一路"文化交流的研究可分三类。第一类，从理论

---

① 李本乾. 中国传媒国际竞争力研究报告（2015）［M］. 北京：社会科学文献出版社，2015：2.

② 崔保国. 中国传媒产业发展报告（2016）［M］. 北京：社会科学文献出版社，2016：11.

③ 李本乾. 中国传媒国际竞争力研究报告（2017）［M］. 北京：社会科学文献出版社，2017：13.

上分析"一带一路"文化交流战略地位，如蔡武论证了文化交流夯实"一带一路"建设社会根基的重要意义。① 第二类，探讨"一带一路"背景下中国文化"走出去"的机遇和路径，如丁立磊构建了注重融合共生等推动中国文化"走出去"的创新策略。② 第三类，也有一些学者讨论了通过发展传媒出版贸易，促进"一带一路"文化交流的相关问题。③

二、国际传媒出版贸易问题研究

国际传媒出版贸易研究大致可分为四类。第一类，国际传媒出版贸易战略地位分析，如有学者论证了传媒出版贸易发展和国家文化软实力提升的理论关联。④ 第二类，传媒出版贸易国际竞争力研究，如曲国明运用贸易指数比较了中美文化贸易国际竞争力位次差异。⑤ 第三类，传媒出版贸易增长空间研究，如李世杰基于贸易引力模型，分析了"一带一路"国家传媒出版贸易增长空间。⑥ 第四类，发展传媒出版贸易的国际经验研究，如董小麟探讨了美国电影出口贸易对中国电影全球推广的借鉴价值。⑦

三、贸易影响因素测度研究

廷伯根（Tinbergen）等将引力模型引入国际贸易研究，提出了两国贸易量与各自经济总量成正比，与两国距离成反比的理论假设。⑧ 也有学者将人口规模、文化差异等阻力因素加入经典引力模型，增强了引力模型探

① 蔡武. 坚持文化先行建设"一带一路"[J]. 求是，2014（9）：44 - 46.
② 丁立磊. "一带一路"为传统文化"走出去"铺路搭桥[J]. 人民论坛，2017（18）：132 - 133.
③ 花建. "一带一路"战略下增强我国对外文化贸易新优势的思考[J]. 中共浙江省委党校学报，2015，31（4）：14 - 21.
④ 李本乾. 中国传媒国际竞争力研究报告（2015）[M]. 北京：社会科学文献出版社，2015：2.
⑤ 曲国明. 中美创意产业国际竞争力比较[J]. 国际贸易问题，2012（3）：79 - 89.
⑥ 李世杰. 贸易引力、社会嵌入与文化产品出口[J]. 广东财经大学学报，2017，32（4）：32 - 44.
⑦ 董小麟. 美国电影产业贸易的经验及其对中国电影贸易的启示[J]. 国际商务，2011（4）：103 - 111.
⑧ 谷克鉴. 国际经济学对引力模型的开发与应用[J]. 世界经济，2001（2）：14 - 25.

究贸易潜力及影响因素的理论基础。[①] 俞路基于扩展引力模型,检验了语言文化对"一带一路"国家双边贸易的影响,[②] 高志刚利用随机前沿引力模型,测量了中巴经济走廊建设中双边贸易潜力及效率。[③]

综上所述,利用好"一带一路"重大机遇,增强中国传媒出版对外贸易能力和国际竞争力,是关系我国文化整体实力提升的重要课题。目前,学术界对该问题的研究刚刚起步,有很大开拓空间。此外,学术界对中国传媒出版贸易问题的研究,以定性研究为主,虽然已有不少研究利用贸易指数评价中国传媒出版贸易国际竞争力,但局限于贸易数据内部的研究,难以检验文化差异、制度差异等因素对传媒出版贸易的影响。因此,本研究基于贸易引力模型,对影响我国与"一带一路"国家传媒出版贸易发展水平的主要因素展开实证检验,是兼具学术价值和应用价值的尝试。

第三节 "一带一路"出版贸易
影响因素模型构建

一、基本贸易引力模型

引力模型的理论根源是牛顿力学体系的万有引力学说,20 世纪 60 年代初,廷伯根等学者将其引入国际贸易研究,提出了两国之间的贸易流量,与两国经济发展水平成正比,与两国之间的地理距离成反比的假说,基本公式为 $T_{ij} = KY_i Y_j / D_{ij}$。在该公式中,$T_{ij}$ 分别代表 i 国和 j 国之间的贸易量,K 为常数,Y_i 和 Y_j 分别为 i 国和 j 国的经济总量,一般用 GDP 表示,D_{ij} 为两国之间的地理距离。

---

① 张会清. 中国与"一带一路"沿线地区的贸易潜力研究 [J]. 国际贸易问题,2017 (7): 85 - 95.

② 俞路. 语言文化对"一带一路"沿线各国双边贸易的影响 [J]. 世界地理研究,2017, 26 (5): 21 - 31.

③ 高志刚. 中巴经济走廊建设中双边贸易潜力及效率研究 [J]. 财经科学,2015 (11): 101 - 110.

二、传媒出版贸易引力模型

影响传媒出版出口贸易的因素很多，根据国内外学者对国际贸易影响因素的既往研究，综合考虑传媒出版的特殊性，本书结合国际贸易一般理论，并综合考察传媒出版的特殊性，假设四方面因素会对我国与"一带一路"国家传媒出版贸易发展水平产生影响，分别为：

（1）经济规模。在廷伯根提出的经典贸易引力模型中，经济规模的扩大是推动潜力出口贸易增长的关键动力，这是因为在通常情况下，贸易对象国的经济规模越大，对商品和服务的需求越强，由此带来的潜在市场空间也就越大。因此，本研究假设"一带一路"国家经济发展规模（主要表现为 GDP）与我国传媒出版出口规模正相关。

（2）地理距离。地理距离也是影响国际贸易的重要变量。根据新新贸易理论，地理距离的增长不仅会增加运输和信息成本，缩小贸易的广度，还会经由市场机制的作用，拉升出口商品的价格，并最终导致贸易量的下降。因此，研究提出我国与"一带一路"国家的地理距离与我国对"一带一路"国家传媒出版的出口规模负相关的假设。

（3）文化距离。文化是创意产业和创意产品的核心因素，内含于一国传媒出版的文化元素，在赋予该国传媒出版独特性的同时，也在无形中为他国受众的认知与接受增添了沟通成本和障碍。"一带一路"沿线国家数量众多，彼此间的语言、文化等存在较大差异，因此，本研究假设我国与"一带一路"国家间的文化距离与我国的传媒出版出口规模负相关。

（4）科技距离。当今时代，以互联网信息技术为代表的高新科技不仅为社会发展和日常生活创造了便利条件，还有效降低了产品的制作成本、贸易的沟通成本、信息的交流成本，因此，国际贸易实现新的发展，必须"结合互联网技术，在新时代找出符合时代要求的发展之路。"对传媒出版来说，科技发展水平，特别是数字技术的发展，既能提高传媒出版的制作技术和制作效率，也能有效缩减传媒出版的传播与接收的成本。因此，本研究假设"一带一路"国家科技发展水平与我国传媒出版出口贸易额正相关。

基于上述假设，构建传媒出版贸易引力模型公式如下：$ln\,(T_{ij})=$

$\alpha + \beta_1 ln\ (GDP_{jt}) + \beta_2 ln\ (GD_{ij}) + \beta_3 ln\ (CD_{ij}) + \beta_4 ln\ (STL_{jt}) + + u_o$

在该公式中，国内生产总值用 GDP 表示，地理距离用 GD 表示，文化距离用 CD 表示，科技发展水平用 STL 表示。此外，因为原模型不是线性方程，所以两边同时取对数。

第四节 "一带一路"出版贸易影响因素实证分析

一、对象选取与数据来源

1. 样本国家

作为一项开放的国际倡议，"一带一路"建设涉及全球 60 多个国家和 44 亿人口，分布极为广泛。由于联合国创意产业数据库无法提供"一带一路"沿线全部国家的文化产业和传媒出版贸易相关数据，因此，本研究根据相关数据的可得性及相关国家的代表性，从"一带一路"沿线国家中挑选出 8 个代表国家。这 8 个国家是新加坡、俄罗斯、马来西亚、泰国、印度、阿联酋、波兰和土耳其。

2. 传媒出版

联合国教科文组织（UNESCO）在 *International Flows of Selected Cultural Goods and Services*，1994—2003 中，提到了核心创意产品的分类标准，一共有两套标准，一个是 HS，一个是 SITC。HS 共有四个版本，分别是 HS92、HS96、HS02、HS07；SITC 有四个版本，分别是 SITC1、SITC2、SITC3、SITC4。UNESCO（2005）选取的是 HS96 和 SITC3 两个版本。由于本研究关于传媒出版出口贸易的数据全部来自联合国贸易数据库，因此，本研究对传媒出版的界定与 UNESCO（2005）保持一致，以 HS96 统计标准为主。HS96 统计标准下缺少的数据，则参考 SITC3 标准相同类别数据予以填补。

3. 其他数据情况

本研究以 GPD 作为衡量各国经济规模的指标，各国 GPD 值从世界银行官方网站获得。地理距离的数据依据经纬度测算，以北京与相关国家首都的最短距离为准。文化距离主要根据 KSI 指数来测算，使用霍夫斯泰德的文化六维度理论。科技发展水平则通过一个国家互联网的覆盖率来计算的，相关数据来自一带一路网。

二、实证结果

将我国与"一带一路"沿线 8 个代表性国家在 2006 至 2015 年的传媒出版出口面板数据导入上述贸易引力模型公式"ln（T_{ij}）$=\alpha+\beta_1 ln$（GDP_{jt}）$+\beta_2 ln$（GD_{ij}）$+\beta_3 ln$（CD_{ij}）$+\beta_4 ln$（STL_{jt}）$++u$"，利用 stata14.0 软件展开随机效应回归分析，回归结果见表 6-1 所示。

表 6-1　随机效应回归计量结果

随机效应 GLS 回归			OB 数	=	80
组变量：区域			组数	=	8
回归模型误差占总误差的百分比：			每组 OB 数：		
组内	=	0.281 1		最小值 =	10
组间	=	0.902 0		平均值 =	10.0
总体	=	0.389 7		最大值 =	10
			卡方值（4）	=	47.89
相关系数（u_i, X）= 0（假设）			概率＞卡方统计量	=	0.000 0

t	系数	标准误	z	显著性水平 ＞|z|	[95%置信区间]	
经济规模	0.000 093 4	0.000 022	4.24	0.000	0.000 050 3	0.000 136 6
地理距离	−33 233.26	9 098.908	−3.65	0.000	−51 066.79	−15 399.73
文化距离	−9 940 734	1.23e+07	−0.81	0.421	−3.41e+07	1.43e+07
科技距离	3 404 235	583 989.4	5.83	0.000	2 259 637	4 548 833
_ 截距	8.85e+07	5.86e+07	1.51	0.131	−2.64e+07	2.03e+08

个体效应的标准差	0					
特异误差标准差	96 862 641					
个体效应的方差占混误差的方差的比重合	0			（变异数比例）		

从表 6-1 的回归结果可以看出:

1. 国内生产总值与传媒出版贸易额正相关

GDP 回归结果 $P > |z|$ 值为 0,表示 GPD 与传媒出版贸易额非常相关,$Coef$ 值为正,说明 GPD 与传媒出版贸易额正相关,这也意味着"一带一路"传媒出版贸易对象国经济规模越大、发展水平越高,其对我国传媒出版的潜在需求也就越大,由此也将带来更大规模的传媒出版出口贸易额。

2. 地理距离与传媒出版贸易额负相关

地理距离回归结果 $P > |z|$ 值为 0,表示地理距离与传媒出版贸易额非常相关,$Coef$ 值为负,则说明其与传媒出版贸易额负相关。这表明,虽然当今的仓储条件和运输速度已在相当大的程度上得到优化,但地理距离仍然是我国传媒出版出口"一带一路"国家的主要障碍。

3. 文化距离与传媒出版贸易额不相关

文化距离回归结果 $P > |z|$ 值较大,达 0.421,表明其与传媒出版贸易额多少不相关。主要原因可能有二,首先,由于本研究对文化距离的测算,依据的是霍氏的文化六维度理论,由此带来的文化距离内部成分的复杂性,可能会对文化距离与传媒出版出口贸易额的关系有影响,导致二者相关度较弱;其次,我国国际政治经济地位的提升,也可能增强了全球受众对中国文化的兴趣,从而无形间提升了中国传媒出版的国际竞争力。

4. 科技距离与传媒出版贸易额正相关

科技距离回归结果 $P > |z|$ 值为 0,表示其与传媒出版贸易额非常相关,$Coef$ 值为正,则说明科技距离与传媒出版贸易额正相关,这表明"一带一路"国家科技发展水平直接影响我国传媒出版出口贸易额,相关国家的科技发展水平越高,我国的传媒出版出口贸易额也越大,反之,我国传媒出版出口贸易额就越小。

第五节 "一带一路"出版贸易提升建议

基于贸易引力模型,本研究实证检验了影响我国传媒出版出口"一带一路"国家的主要因素,得出了贸易对象国经济发展规模与我国传媒出版出口额正相关、贸易对象国地理距离与我国传媒出版出口额负相关、贸易对象国科技发展水平与我国传媒出版出口额正相关、贸易对象国文化距离与我国传媒出版出口额相关性较弱等结论。

根据这些结论，笔者认为，为进一步扩大我国与"一带一路"国家传媒出版贸易，以贸易的方式促进"一带一路"国家文化交流、民心相通，并在此过程中提升中国文化国际影响力、竞争力和传播力，需要着力加强如下几方面工作：

第一，优先开拓经济规模较大、地理距离邻近的"一带一路"国家文化市场。对外传媒出版贸易发达国家都十分注重贸易对象国的研究和选择，如日本近年逐渐形成了以中国为一级重点市场、美韩等国为二级重点市场、英法德印等为三级重点市场的传媒出版贸易拓展战略，韩国也明确把传媒出版贸易对象国划分成集中攻略对象、渐进强化对象、竞争力维持对象和新兴市场开发对象四大层次。① 相应的，由于"一带一路"沿线各国情况各异，彼此间的信任程度和合作基础也有很大不同，我国首先应着力开拓经济规模较大、地理距离与我国较近或运输物流条件更为便利的"一带一路"国家文化市场，然后再稳步开辟其他国家和地区的文化市场。

第二，根据詹君恒等人的统计分析，目前中国文化创意产品中国际竞争力较强的大多为劳动密集型产品，而以知识产权和特色服务为基础的核心创新产品仍处于国际竞争弱势地位，② 因此在今后一段时间里，地理距离及随之而来的运输和物流成本仍将是制约中国传媒出版出口贸易的关键因素之一。鉴于此，我国应大力推动"一带一路"国家相关基础设施建设，减少"一带一路"传媒出版贸易的运输、沟通和物流成本，尽可能地克服因地理距离而造成的贸易障碍。

第三，促进文化与科技深度融合发展，提高我国传媒出版的技术和效率。在互联网时代，网络信息技术等高新技术不仅是一种新的生产力，也是"一种知识经济时代的生产关系"，只有依托相关高新技术，把"中国

---

① 花建. "一带一路"战略下增强我国对外文化贸易新优势的思考 [J]. 中共浙江省委党校学报，2015，31（4），14 - 21.

② 詹君恒. 中国创意产品及创意相关产品的国际竞争力研究 [J]. 经济地理，2013，33（7）：81 - 88.

的文化资源转化为信息化的产品,才能最大程度获得传播,而成为人类共享的财富。"① 要更好地开拓"一带一路"文化市场,我国也应高度重视以数字信息技术为核心驱动力的传媒出版制作技术与制作装备创新,走出一条技术、装备、服务、产品相互促进的产贸发展之路。

---

① 花建. 发展中国对外文化贸易的战略视野 [J]. 探索与争鸣,2005 (6): 44-46.

第七章

中国出版国际贸易增长
潜力的实现路径研究

2008 年金融危机爆发之后，由于未能找到解决制约经济发展痼疾的有效路径，西方主要国家都出现了不同程度的反全球化运动。近年来，由于经济发展持续低迷，国内矛盾日益加剧，西方国家对内、对外政策上的保守、排外倾向日趋明显，早先零星的反全球化运动演变为建制性的"逆全球化"风潮，不仅带来全球经济衰退的风险，还引发全球治理秩序的危机和国际传播格局的深刻变革，冲击了出版"走出去"的理论根基。在世界秩序新旧交替的关键时期，学术界亟待再次关注出版业在维护国家意识形态安全中的价值与功能，重新思考出版"走出去"的"何以可能"和"何以可为"。

第一节 "逆全球化"趋势下的
国际传播变局

一、全球经济增长乏力，严重影响各国文化消费需求

21 世纪初，以中国加入 WTO 为标志，全球经济一体化进程步入快车道，各国之间的贸易壁垒逐步削减，各类生产要素得以在世界范围内流动和配置，世界经济长期保持旺盛增长势头，欧美发达国家经济陆续步入黄

金时期，新兴国家的经济增长更异常强劲，据统计，全球经济年均增幅 5%，世界贸易年均增长 10%，是历史上增长最快的时期。[①] 在经济增长的刺激下，文化产品和服务的国际流动显著增强，在 2004 年至 2013 年间，全球文化产品贸易总额几乎翻了一番。也是在这一时段，我国启动实施文化"走出去"国家工程，并于 2013 年成为全球最大的文化产品出口国。

不过，近年来，在"逆全球化"风潮影响下，全球经济增长速度放缓与各国贸易保护主义政策相互影响，形成负面循环。2015 年至今，国际直接投资（FDI）增幅不断下降，全球贸易动量指数在 2019 年初出现九年来的首次下跌，世界银行等机构纷纷下调全球经济增长预期。受此影响，2013 年以来，我国文化产品出口贸易规模几乎年年下降。2019 年，我国文化产品对美出口下降 6.3%，文化、体育和娱乐业的对外投资规模下降 68%。

2020 年新冠肺炎疫情的全球肆虐，严重扰乱了全球文化贸易和中国出版"走出去"的常规模式。在 2020 年上半年，国内外物流、印刷行业等长期停工，图书印刷和运输成本激增，面向欧洲疫情严重国家的图书出口贸易长达数月处于零订单、零询价的阶段。此外，受疫情影响，大多数境外国际书展被迫取消或推迟，中外图书版权洽谈受到极大的影响。[②] 短期内中国出版"走出去"的前景仍很不明朗。

二、全球治理困境重重，侵蚀国际传播制度合作性根基

20 世纪 90 年代以来，随着经济全球化的发展，世界各国的沟通和碰撞愈加频繁。在面对全球化带来的各类世界性问题时，越来越多的国家，特别是西方发达国家首先意识到加强国家间协调与合作的重要性。1995 年，联合国所属全球治理委员会发布《我们的全球伙伴关系》研究报告，标志着"全球治理"理念得到世界大多数国家的认同。与此同时，作为全

---

① 吕邦安. 经济全球化发展的若干新特征［N］. 中国经济时报，2007 - 6 - 21（4）.
② 戚德祥，蒋欣悦. 新冠肺炎疫情对中国出版走出去的影响及应对策略［J］. 中国出版，2020（13）：22 - 27.

球治理的"文化反应"，世界各国间的信息、观念、文化乃至价值观的交流与互动也日益频繁，国际文化交流与合作的广度和深度、频率和效率都达到了人类历史上前所未有的高度。

然而，无论是西方国家推动的经济全球化进程，还是其倡导的全球治理模式，在本质上都是新自由主义—资本主义全球扩张的表现形态，既无意也无力解决内在于资本主义发展的不平等、不平衡问题。根据世界银行等机构发布的统计数据，伴随着全球化进程的深化，国家、区域间的发展鸿沟不断加深，"1995年至2014年，世界财富总额……增长近66%，而撒哈拉以南非洲国家财富增长率仅为1%……"[1] 与此同时，西方国家的劳动密集型产业加速向发展中国家转移，从而导致本国出现产业空心化现象，中下阶层的就业难度增大，形成了将经济全球化视为罪魁祸首的广泛民意。对此，西方主要国家领导人非但不正面思考如何补正过往全球化政策的不足，反而"利用这个话题对内操弄人心、汲取权力，对外按照自身利益重新'定义'全球化"[2]，大行保护主义经贸政策，不断加剧国际社会的分化，全球治理面临严重的赤字问题。

全球治理的困境不仅体现在政治经济层面，也在文化与传播领域有十分明显的体现。2016年底，欧盟、美国等陆续出台《欧盟反击第三方宣传的战略传播》《反宣传法案》等具有鲜明针对性的对外宣传法案。2018年以来，美国将多个中国媒体列为所谓"外国代理人"和"外交使团"，美国主要社交媒体也多次以"假新闻"为名，关闭数千个所谓与中国政府有关的账号……这些限制性、歧视性政策导致"不同文化要素在全球社会中的移动与变迁受到阻碍"，国际传播秩序面临"信息共享、对外交流与制度合作性危机"和全球层面的严峻挑战。[3]

三、各国文化排外现象严重，跨文化传播不确定性增强

21世纪以来，虽然始终面临各类"距离效应"的困扰，但基于良性的

---

① 吴志成，刘培东. 全球发展赤字与中国的治理实践 [J]. 国际问题研究，2020（4）：20-41,138-139.

② 冯维江."逆全球化"将去向何方 [J]. 人民论坛，2019（17）：122-123.

③ 于运全. 逆全球化语境下的跨文化传播新动向 [J]. 新闻与写作，2020（3）：1.

普遍主义和特殊主义辩证关系之上的"全球场"思想始终是支撑中国文化"走出去"的思想底色。正如全球场思想既强调对"全球人类状况"或文化普遍性的关注，也在思想内部给民族文化特殊性的主张留下了思想空间，中国出版"走出去"的基本动机既包含"参与全球文明对话的文化普遍主义的诉求愿望"，也包括"讲好中国故事、传递中国文化的特殊使命"，[①] 然而，在"逆全球化"背景下，各国民粹主义盛行，文化排外乃至文化霸权现象日趋严重，支撑中国文化全球传播的思想前提受到相当程度的冲击。

联合国教科文组织是推进全球教育、科学与文化合作的重要机构，在历史上曾提出以《多种声音，一个世界》为代表的推动国际传播秩序改革的主张，近年来也在文化权利、可持续发展、国际文化合作、互联网全球治理等领域做了不少工作，对建立更为公正的国际传播秩序起到积极促进作用。然而，由于相关做法在不同程度上构成了对美国全球文化霸权的挑战，美国不仅长期拖欠会费，抵制相关议程的实施，更于2018年底，第二次宣告退出联合国教科文组织，为全球文化多样性建设增加了不确定性。

此外，虽然设立专门的机构推广本国的语言和文化，乃至进行一些国际文化交流与公共外交活动，是世界各国的通行做法，也是后发国家提升本国文化影响力的应有权利，但近年来，美国等西方国家一方面鼓吹所谓"言论自由"，加大全球意识形态输出力度；另一方面，又以国家文化安全为名，对中国等国家正常的国际文化交流项目施加不必要的限制。2017年以来，欧美不少国家媒体和智库大肆炒作"锐实力"概念，指责中国通过建立孔子学院、实施各类传媒和文化国际化项目，对其他国家的政界、媒体和学术界进行渗透和分化，影响了所谓西方价值观的独立性，呼吁西方国家尽快采取行动，加大对具有中国背景的国际传媒文化合作项目的审查，"在文化和意识形态领域对中国发起攻势"。[②] 在此背景下，出版"走

---

① 张丽燕，韩素梅."全球场"：出版走出去的逻辑起点与路径层次 [J]. 中北大学学报（社会科学版），2020，36（4）：131-135，139.

② 刘国柱."锐实力"论与美国对华战略环境的转变 [J]. 美国研究，2019，33（2）：88-106.

出去"作为我国国际传播能力建设系统工程的重要组成，势必面临更加严峻的传播环境。

四、中美竞争向网络空间延伸，互联网出海路径遭受冲击

得益于庞大的互联网人口、丰富的应用场景需求和富于弹性的监管政策，虽然中国互联网发展起步较晚，但发展十分迅速，基于互联网和移动互联网的新业态、新模式层出不穷，具有很强的溢出效应。例如，在网络动漫、网络文学等领域，我国已涌现出一批具有区域乃至全球影响力的出海平台。在国际社交网站红迪网（Reddit）发起的"2018 年最受欢迎的翻译小说"投票中，中国网络文学作品包揽了前五名。不少研究者认为，互联网行业文化出海是在世界舞台上讲好中国故事、增强国家文化软实力的"关键一招"。[①] 然而，随着美国对华政策基调由"接触"与"防范"并行转向全方位的"战略竞争"，中美之间的摩擦和博弈逐渐从传统经贸领域向科技领域延伸，从实体空间向网络空间拓展，中国文化国际传播的互联网路径也面临不小的挑战。

2016 年以来，美国以所谓"国家安全"为借口，先后对中兴、华为等中国互联网企业实施制裁，旨在通过封锁中国互联网企业的全球供应链，打击中国在 5G 等互联网前沿技术领域的创新优势，进而达到遏制中国高科技全球崛起的目的。2019～2020 年间，美国先后启动针对抖音国际版（Tik Tok）、微信等中国互联网应用企业的调查，并最终决定通过立法禁用 Tik Tok、微信等中国应用程序……

如果说互联网是美国推行其政治制度和价值观，维系全球文化霸权的重要工具，那么美国将中美两国在互联网领域的竞争上升为国家战略层面的对抗，其动因就不仅停留在贸易和科技层面，更是对中国参与互联网国际话语权竞争的强势阻截，而从美国相关行为在印度、澳大利亚、英国等国引发的连锁反应看——例如 2020 年 6～7 月间，印度先后宣布禁用 Tik

---

① 闫昆仑，袁静，张婧，李思明. 2018 年中国互联网行业文化出海分析 [J]. 国外社会科学，2019（2）：105 - 111.

Tok、微信等106款中国应用程序，并意图加强对阿里巴巴全球速卖通、小米短视频应用等275款中国应用程序的审查力度——中国文化的互联网出海之路也不会一帆风顺。

第二节　"逆全球化"下中国出版
国际贸易何以可能

一、"人类命运共同体"引领全球传播秩序变革

当前，在"逆全球化"风潮下，西方发达国家提供国际公共产品的能力有所下降、参与全球治理的意愿也不断弱化，美国等国更以所谓本国利益至上为名，频频"退群"，严重干扰正常的国际合作和全球秩序。在2020新冠肺炎疫情中，发达国家还出于狭隘的民族主义和意识形态偏见，回避抗击疫情的领导者责任，肆意诋毁中国的抗疫实践，导致新冠肺炎疫情演变成人类历史上影响最为深远的公共卫生危机。

西方国家对全球治理领导者责任的回避与退出，无形间为新兴国家和发展中国家构建实施自主性的全球治理主张提供了契机和可能。例如，面对日趋突出的世界性矛盾，中国多次倡言推进国际关系民主化进程，赋予新兴国家和发展中国家更多代表性和发言权，建立全球事务由各国共同治理，发展成果由各国共同分享的"人类命运共同体"。2017年以来，"人类命运共同体"理念被写入联合国多份不同层面的决议和文件中，获得国际上广泛的积极评价，表明该理念正逐渐被世界各国人民接受，有着积极而广泛的国际影响。

"人类命运共同体"理念不仅为推进全球治理体系改革指明了方向，也为建立公正、合理的国际传播新秩序提供了基本遵循。从20世纪70年代开始，非西方国家虽然在推动建立更加公正、均衡、平等的全球传播新秩序上取得了一些进展，但由于缺乏坚实的实践基础，相关努力多停留在理念层面，并没有从根本上改变西方国家在国际信息流通的主导地位。与此不同，"人类命运共同体"及其所对应的全球传播架构，"既有'世界主

义'理念支撑，又有'一带一路''亚投行''互联网＋'等国家战略的可靠保障"，为构建"更为平等和开放、参与度更高的'互联网思维'重构全球传播新秩序"① 提供了切实可行的"中国方案"，也为中国出版"走出去"，参与更为多元的全球文化版图绘制，提供了新的思想支撑。

二、"新十亿"阶层崛起改变国际传播传统生态

当前，虽然国际传播整体格局仍"遵循以美国为中心的操控结构，映射美国国家—资本联盟的意识形态偏好和政治诉求"，但随着包括传播格局在内的全球政治经济格局加速向有利于东方国家的方向转移，以及全球范围内更为广泛的"他者的崛起"，美国等西方国家主导国际传播生态的能力也不断下降。②

2015 年以来，全球传播的语种结构和人群分布发生了值得关注的变化。就前者而言，阿拉伯语和汉语使用频率大幅提升，在一定程度上颠覆了长期以来由英语主导的全球传播秩序。全球互联网用户在 2012 年至 2016 年期间翻了一番，而新增用户主要是来自非西方国家和地区的青年网民。这批"新十亿"阶层的崛起改变了这个群体及其背后的国家、民族和文化在国际传播格局中失语的局面，增强了国际传播生态的多元性，使得国际传播场，特别是全球互联网"成为真正意义上的'全球公共领域'"。③

"新十亿"阶层的崛起也为中国文化"走出去"创造了新的可能。例如，近年来，李子柒在视频网站油管（YouTube）上传的以中国美食和乡村生活为主题的系列短视频，受到世界各国网民的追捧，截至 2020 年 4 月，视频订阅用户超过 1 000 万，累计点击量超过 10 亿次。④ 在 2020 新冠

---

① 史安斌，张耀钟. 构建全球传播新秩序：解析"中国方案"的历史溯源和现实考量［J］. 新闻爱好者，2016（5）：13－20，63.
② 洪宇. 全球互联网变局：危机、转机与未来趋势［J］. 人民论坛·学术前沿，2020（15）：38－47.
③ 史安斌，王沛楠."新十亿"阶层的崛起与全球新闻传播的新趋势［J］. 新疆师范大学学报（哲学社会科学版），2017，38（3）：22－28.
④ 潘皓，王悦来. 短视频叙事与中华文化国际传播——以 YouTube 平台李子柒短视频为例［J］. 中国电视，2020（10）：90－93.

肺炎疫情期间，世界多个国家网民不仅利用短视频等新兴媒介形式，面向中国网民"直播外国疫情动态及防控举措"，更透过"记录中国亲身生活体验"①，向世界传达关于中国抗疫的真实声音，有效促进了疫情防控期间各国民众的交流与沟通。未来，随着全球互联网的进一步发展和中国出版数字化转型的深入推进，更多的"小人物"将成为中国文化出海的"自来水"，通过"构建人人皆可创造和传播的新形态"，"激发'人类命运共同体'的情感共鸣。"②

三、"一带一路"布局拓宽出版"走出去"空间

作为我国在"逆全球化"风潮下推动"人类命运共同体"建设的中坚平台，"一带一路"不仅在"共商、共建、共享"建设原则的基础上，积极促成亚欧非大陆货物、资金、技术、人才的高效流动，还以其固有的开放性，鼓励域外国家在认同"一带一路"倡议基本理念的基础上参与进来，成功地将"割裂的全球化带入一个互联互通的全新时代"。③

"一带一路"倡议极大拓宽了中国出版"走出去"的空间。长期以来，中国出版"走出去"的目标对象主要集中在欧美发达国家，似乎只有成功打入欧美市场，中国出版才算得上走向世界，但实际上，无论是在人口、面积上，还是在文化、价值观上，欧美国家都只是世界的一小部分，如果只注意到欧美"小世界"，而忽略了包括"一带一路"沿线国家和地区在内的世界广大地区，中国出版就失去了与更广泛的民众、更多元的文明样态互学互鉴、交流互动的机会。

可喜的是，近年来，中国出版界已显著加大与"一带一路"国家出版界的交流与合作。2014 年以来，以"丝路书香工程"获准立项，并入选国

---

① 鲍雨. 疫情时期外国"网红"对中国社交媒体的参与利用分析——以新浪微博为例 [J]. 对外传播，2020（5）：33 - 35.

② 闫昆仑，袁静，张婧，李思明. 2018 年中国互联网行业文化出海分析 [J]. 国外社会科学，2019（2）：105 - 111.

③ 竺彩华. "一带一路"引领全球化再平衡进程 [J]. 和平与发展，2017（5）：69 - 85，121 - 122，124 - 134.

家"一带一路"建设重大项目为标志，国家和地方新闻出版管理部门都显著加大了对"一带一路"项目的扶持力度，出版企业也积极探索多样化的"一带一路"版权贸易形式。在多种因素的作用下，截至2018年底，我国出版界对"一带一路"国家和地区的版权输出总量在我国版权输出总量中的占比已超过了55%，[①] 中国出版"走出去"的视界转换和视域拓宽已初见成效。

四、疫情有效防控提升中国出版"走出去"感召力

发展道路的感召力构成了一个国家对外传播能力的基底。历史地看，"二战"以来，特别是冷战结束以来，西方发达国家，特别是美国，之所以具有非比寻常的全球传播能力，除了在资金、技术、渠道等方面的优势外，更为重要的原因是，其成功激起了世界其他国家和地区的民众对西方发展道路和价值观的认同，似乎西方的"现在"就是全人类共同的"未来"。

不过，近年来，中国特色社会主义建设取得辉煌成就，对内不断凝聚为对"中国道路"和"中国经验"的自觉，对外则强化了全球后发国家探索本国发展模式的信心。此外，"意识形态很难争论清楚，但疫情防控的好坏大家都看得见"[②]，在新冠肺炎疫情背景下，我国不仅迅速控制住了本国疫情的蔓延，基本实现本国生产、生活秩序的正常化，还立足"人类命运共同体"理念，积极支持世界卫生组织和其他国家抗疫，中国道路的全球感召力得到显著增强。

21世纪以来，不少出版界有识之士已经意识到，与中国传统思想与文化比，海外读者对"当代中国"的兴趣正与日俱增，可以设想，看到中国在疫情防控中的卓越表现，国际社会将更加渴求了解中国发展现状、认识中国制度特色和发展理念……这将为中国图书的海外传播注入强劲的动力。

---

① 樊文. 柳斌杰：共建"一带一路"出版合作机制让出版走出去"走深走实"［N］. 国际出版周报，2019-8-12（3）.

② 赵鼎新. 新冠疫情与中国改革［J］. 文化纵横，2020（4）：69-77.

第三节　中国出版国际贸易增长
潜力的实现路径

一、坚定文化自信，注重用中国声音讲好世界故事

根据笔者对"丝路书香工程"等国家级外译项目的前期研究，当前我国对外输出的图书总体而言具有三个特点。第一，相较于政治、经济、科技主题图书，文学和文化类图书占比明显较高；第二，相较于具有较高学术含量的著作，"概论"式占比明显较高；第三，对外输出的图书绝大多数都是"中国"主题图书，与世界其他国家和地区有关的图书极为有限。[①]虽然这些特点都有一定的合理性——例如由于大部分外国读者对中国情况了解不多，"概论"式书籍可以在相对短的篇幅内，帮助他们了解中国某一方面整体情况——但也在不经意间造成了中国出版"走出去"选题空间的自我限制。

事实上，正如国内图书市场上的西方"理论"图书和"汉学"图书所暗示的，西方国家在全球出版市场上的地位，其实并不仅仅体现在其成功输出了多少关于"自我"的图书，而更体现在其不断创造理解世界的"理论"和"概念"，生产并传播关于"他者"的知识，并以此影响乃至规制了世界其他国家和人民的自我认知。就此而言，如果中国图书对外输出的重点仅仅停留在"文化""中国"等议题上，就无形间放弃了对世界政治经济等重大议题解释权的争夺。

"逆全球化"时代是一个充满了不确定性的时代，也是一个新旧不断转化，充满了多种可能性的时代。在这个时代，坚定文化自信，对致力于出版"走出去"工作的人来说尤其重要性。也就是说，人们应该始终意识到，作为一项当代工程，出版"走出去"首先应该是当代中国"走出去"，出版"走出去"能取得多大的成功，与当代中国实践在世界范围内赢得多

---

① 王大可，李本乾. "一带一路"背景下中国图书出版"走出去"的思考［J］. 国际传播，2020（2）：86-96.

少认同息息相关。因此，出版界应避免将中国出版"走出去"窄化为中国传统文化"走出去"或中国主题图书"走出去"，而应加大政治经济主题图书、理论书籍和国际问题研究书籍的策划和推广力度，既注重"讲好中国故事"，也注重用中国视角"讲好世界故事"，让中国出版"走出去"的过程与具有中国主体性的世界观生发过程同频共振。

二、拓宽世界眼光，加大"一带一路"图书市场开拓

作为世界治理的中国方案，"一带一路"代表了一种"不同于海洋中心论的全球律则的弹性世界观和秩序观"。① 较长一段时间以来，在以海洋为中心的世界秩序中，欧美发达国家是全球的中心，在很多人的潜意识中，走向世界，与国际接轨，其实首先指的是走向欧美，与西方接轨。与此相关，不少出版人也自觉不自觉地将打入欧美图书市场，视为中国出版"走出去"的首要目标。

近年来，上述情况已经在转变，但无论是清除旧的世界观的影响，还是推动新的世界图景的形成，都不可能一蹴而就，因此，在加大"一带一路"图书出版市场开拓力度方面，出版界仍有许多工作要做。例如，虽然目前国家和地方各级新闻出版发展规划都列入与"一带一路"有关的内容，但相关规划十分零散，缺少体系，彼此间的协同也不够，因此国家有关部门应充分发挥规划体制这一中国特色制度优势，牵头制定促进"一带一路"出版"走出去"专项规划，以国家力量实现"一带一路"出版"走出去"的集约化发展。

另外，由于"一带一路"国家数量众多，政治制度和经济、社会、文化形态也极为多样，靠单个出版机构的力量，难以全面获取进入"一带一路"市场所需的专业信息。故而，国家新闻出版管理部门可以协调驻外使领馆和文化、教育机构、相关科研院所和智库、出版企业等多方力量，开展以国别为单位的"一带一路"图书市场深度调研，并通过特定渠道向涉外出版机构共享，为出版社输出更适合"一带一路"民众需要的文化产品

---

① 汪晖. 两洋之间的文明（下）[J]. 经济导刊，2015（9）：14-20.

提供可靠支撑。

三、加快技术创新，实现出版"走出去"平台化运作

虽然近年来在"逆全球化"风潮和中美战略竞争愈加激烈的背景下，中国出版和文化的互联网出海之路并不一帆风顺，但相较于传统的出海模式——在这些领域，欧美国家多年积累的技术、渠道和市场基础更难撼动——能否充分借助互联网开放性、互动性的特征，发挥我国互联网技术和商业模式的优势，推动实现出版"走出去"的"互联网＋"转型，仍然是中国故事全球传播能否"弯道超车"的关键。

因此，针对国际受众，特别是青少年对多样化数字阅读产品的需求逐年提升，出版界应加大电子书、有声书、可视化图书乃至数据库等数字出版产品的研发力度，国家新闻出版部门也应加大对数字出版"走出去"的支持力度，为出版企业积极打造高质量数字化产品线，加大数字版权输出，推进传统出版和新兴出版融合发展提供方向指引。

除了产品的数字化，国家有关部门和有条件的出版企业还应牵头搭建数字化出海平台，利用互联网平台连接多方的技术、商业优势，汇聚更加多元的内容资源，提供更加丰富的消费场景，打造出版"走出去"供需有效对接的高地，培育图书出版产品的跨国消费的新业态、新模式。

附录一
新闻传播学视野下的
"一带一路"

2015 年 3 月 28 日，我国发布了《推动共建丝绸之路经济带和 21 世纪海上丝绸之路的愿景与行动》，标志着"一带一路"正式进入全球行动阶段。"一带一路"旨在实现"五通"，也即"政策沟通、设施连通、贸易畅通、资金融通和民心相通"，其中"民心相通"是社会根基。要实现民心相通，高效的信息与文化传播必不可少。自"一带一路"倡议提出以来，我国新闻媒体积极探索多样传播方式，加强与沿线国家的信息与文化沟通，新闻传播研究者也就"一带一路"背景下我国新闻传播面临的理论与实践问题做了不少有益的探讨。

一、建构传播战略

21 世纪以来，我国的经济实力和综合国力显著增长。目前，我国已经是世界第一大贸易体，与超过 200 个国家和地区结成了贸易伙伴关系，因而是当之无愧的"世界及各国最大的利益相关者、命运共同体"。[①] 在此背景下，我国提出"一带一路"，倡导合作共赢的国际经济政治关系，自然能受到沿线国家的普遍欢迎。当前"一带一路"研究者主要来自经济、金融、国际关系等学科，但实际上，这一战略同样需要新闻传播学者的

---

① 胡鞍钢."一带一路"经济地理革命与共赢主义时代 [N]. 光明日报，2015 - 7 - 16 (11).

加入。

"一带一路"处于扬帆启航阶段，虽已形成大致的行动框架，但合作如何进行、建设如何展开、风险如何应对、与沿线原有的政治经济秩序的关系如何协调，这些问题既有赖深入的阐释，也有赖广泛的传播，只有针对不同国家的具体情况，把"一带一路"有利于各国人民的本质阐释好、传播好，"一带一路"建设才会有一个有利的舆论环境。大众媒体是现代社会信息传播的主要载体，新闻传播学将如何实现信息的有效传播作为本学科基础性的研究课题之一，这意味着在"一带一路"战略布局中，新闻传播学科大有作为的空间。

历史上，丝绸之路不仅是经贸往来的商路，更是沿线国家和地区人文交流、文明互鉴的通路。"一带一路"战略强调要通过多层次、多面向的文化交往，实现"民心相通"，这一方面是对丝绸之路友好合作精神的传承，另一方面也因为只有真正实现文化上的互相交流、互相理解和互相尊重，"一带一路"才能有坚实的社会根基。有效的传播是文化交流、民心相通的前提和基础，从这方面说，新闻传播学科和"一带一路"不仅是从旁协助的关系，更是这一倡议的建设目标和内在构成，如张昆所说，"一带一路"，"传播先行。"[①]

传播先行，这自然不错，只是新闻传播现象丰富多彩，新闻传播学理论与方法也足够异彩纷呈，有必要进一步追问：何种"传播"，怎样"先行"？荆学民指出，随着研究的深入，他越发觉得研究中国特色政治传播，"一开始还无法深入到具体的'策略技巧'层面，而是要从战略高度论说清楚。"[②] 这是因为传播策略技巧在很大程度上只是局部性问题，只有首先把全局性的战略问题讨论清楚，接下来的研究才更有针对性。应该说，这个意见对一般意义上的新闻传播研究同样适用。就此而言，这里所说的"传播先行"，首先体现为建构"一带一路"传播战略。

"一带一路"的建设原则是"共商、共建、共享"。它不仅对域内外国

---

① 张昆. 传播先行，实现民心相通——服务丝绸之路经济带建设的国家传播战略 [J]. 人民论坛·学术前沿，2015（9）：62-72.

② 荆学民. 论中国特色政治传播战略研究的时代背景与现实意义 [J]. 现代传播（中国传媒大学学报），2012，34（2）：62-66.

家全面开放，支持所有国家平等地参与区域内的社会经济建设，还强调互利共赢的原则，"所有参与方都是基于非零和博弈规划，无论贸易，还是投资，均本着互利共赢的原则。"① 因此，"一带一路"的意义不仅是物质的，也是精神的，其中包含着对某种共同理想的追求，而从传播战略的角度看，如荆学民所说，"一带一路"传播战略的关键就在于认清并传播好"一带一路"内在的"'人类命运共同体'意识的价值诉求"，让"一带一路"成为能让全球共享的政治文明。②

2013 年，习近平总书记在中共中央政治局第十二次集体学习时强调："要努力提高国际话语权……讲好中国故事，传播好中国声音，阐释好中国特色。"③ 国际话语权是主权国家的无形资产，是国家软实力的重要构成，在国际舞台上设置议程能力的高低直接影响本国的国际行为能力。建设"一带一路"，我国在国际话语权方面仍存在短板，不少海外媒体渲染中国威胁论，声称"一带一路"是所谓新殖民主义的产物，如果不能对这些言论进行有效回击，将对"一带一路"倡议带来一定的负面影响。据此，覃倩指出，我国要主动设置议程，引导国际舆论，把"一带一路""合作共赢""共商共建"和"文明和谐"的指导思想讲清楚。④

建构"一带一路"传播战略，除了需要明确这一倡议的文明特征，还需要对"一带一路"传播过程中方方面面的问题有全局性的理解和把握。寇立研和周冠宇提出了"一带一路"对外传播需要统筹考虑的十大关系，包括"民心相通与其他'四通'的关系""内宣与外宣的关系""沿线与非沿线的关系""'一带'与'一路'的关系""点与线的关系""对外传播与务实合作的关系""对外传播与对外交往的关系""交锋与交流的关系""分工与协作的关系"以及"当前与长远的关系"。⑤ 这十大关系体现了做好"一带一路"传播的难度，同时也说明了时刻意识到"一带一路"共同性理想的重要性，在此基础上，具体的传播策略和行为才有了方向和

---

① 胡鞍钢. "一带一路"经济地理革命与共赢主义时代 [N]. 光明日报，2015 - 7 - 16 (11).
② 荆学民. 国际政治传播中政治文明的共振机制及中国战略 [J]. 国际新闻界，2015，37 (8)：6 - 19.
③ 建设社会主义文化强国着力提高国家文化软实力 [J]. 理论学习，2014 (2)：1.
④ 覃倩. "丝绸之路经济带"国际传播探索 [J]. 中国广播电视学刊，2015 (8)：79 - 82.
⑤ 寇立研，周冠宇. "一带一路"对外传播需要把握的十对关系 [J]. 对外传播，2015 (3)：21 - 23.

旨归。

二、探讨传播策略

在传播战略与传播策略的关系中，首先强调传播战略的重要性，并不意味着低估传播策略的位置，在很多情况下，看似局部性的策略技巧问题也可能发挥全局性的影响。"一带一路"沿线国家和地区数量多、地域广、风土人情、政治文化丰富多元，与我国交往的密切程度也各不相同，在如此复杂多样的环境下传播"一带一路"，必须具备高度弹性化的传播策略，做到因地制宜、因时制宜、因人制宜。

张昆从"一带一路"国际传播的大局出发，提出了"传播先行""整合传播""在地化传播"与"差异化传播"四条传播策略，其中特别值得注意的是"在地化传播"策略与"差异化传播"策略。"一带一路"倡议包含"全球化"与"在地化/差异化"两个方面。"一带一路"旨在推动区域经济联动和开放程度，这是这一战略"全球化"的方面；"一带一路"又强调按照沿线国家、经济体的不同情况，设计有区别的建设方案，这是这一倡议"在地化"的方面。相应的，由于传播对象的差异，"一带一路"在不同国家、地区的传播理应充分考虑对象国受众水准、政治形势……选择恰如其分的传播策略、方式和技巧，也即"不能用同一种话语模式传播，而要利用当地民众习惯的话语，讲好故事……利用当地的网络政治落地，进入外国百姓的家庭……利用所在国权威媒体传播中国的声音，事前积极做好和各国媒体的沟通协作，以达到传播正面形象的目的。"①

谭峰等研究者强调"一带一路"传播的话语体系应该事先从"大一统的官方话语系统"向"地方多元表达系统"转变，这实际上也是对"差异化"传播策略的探讨。和世界上其他国家相比，我国素有"集中力量办大事"的优良传统。表现在传播上，由于我国坚持党管媒体的原则，十分有

---

① 张昆. 传播先行，实现民心相通——服务丝绸之经济带建设的国家传播战略 [J]. 人民论坛·学术前沿，2015（9）：62-72.

利于汇集全国媒体力量，对重大的国家政策、战略进行短时期高密度的宣传，有效地吸引大众的注意，这样的特点在"一带一路"倡议的传播上也有清晰的表现。不过，正如研究者所说，一国的传播"不能仅仅追求'壮大声势'"，更应"达到'入脑入心'的效果"。从后一方面的要求看，目前"一带一路"的传播就显得有些"单薄、单一、单调"，传播效果与传播目的不够相称。实际上，正如"一带一路"沿线国家、地区和国内省份在这一战略中的位置各有不同，"这么多省份、这么多地区，一定会有不同的表达方、不同的话语体系、不同的思想观念、不同的故事结构"，① 如果这些特色都能为我所用，让"一带一路"传播从单向传递变成多声合唱，就一定能大大改善传播效果，提升我国国际话语权。

"差异化"传播策略除了需要调动不同地区传播主体的能动性，还需要注重传播内容的多样性问题。"一带一路"是重要的国家战略，不仅是国内政治领域的一件大事，还可能导致地区乃至国际政治关系的重大调整。为此，当前我国新闻媒体"一带一路"的报道也集中在该倡议政治或经济方面。不过，在很大程度上，"一带一路"倡议更应该被看成一个包容的整体和综合的社会工程，能否跳脱狭隘的政治领域，借助多学科的视野，发掘多样内涵，不仅事关"一带一路"的阐释深度，也事关"一带一路"的传播广度。梁海明认为，"一带一路"传播应该避免"单一聚焦政治"，从而忽视"文化领域的传播方法"的现状。他以"一带一路"在我国民族地区和跨境民族地区的传播为例，指出"在跨境传播中，文化认同往往具有奇异的力量，可以打破地理界限"，"我国可用与沿线国家有近似性的少数民族文化进行传播，讲述更多软性的中国故事……使沿线国家对中国推行'一带一路'的未来增强信心。"②

此外，还有一些研究者从传播渠道创新的角度考察了"一带一路"传播策略的问题。当前，在互联网革命方兴未艾、媒介生态环境深度变革的时代，要提升"一带一路"倡议的传播效果，就必须开放我们的传播观念，开辟更丰富和更具想象力的传播渠道。柳邦坤和蒋青从较为宏观的角

---

① 谭峰."一带一路"话语体系建构的两大转变［J］.对外传播，2015（4）：34-35.
② 梁海明."一带一路"海外传播应避免的几大误区［J］.中国记者，2015（10）：32-34.

度指出，除了报刊电视，"一带一路"应该多加利用企业、旅游、体育、教育等传播渠道，建构立体化、多面向的传播策略。① 杨博一则从地区的视角出发，探讨了"一带一路"背景下，海南如何利用博鳌亚洲论坛等大型国际活动举办地的优势，传播好中国故事和海南故事的问题。②

三、摸索传播方式

"一带一路"传播需要战略层面的顶层设计，也需要策略层面的多方探讨，但传播行为的发生及发生效力，归根结底还需要找到合适的传播方式，发展出具体的传播实践。近年来，我国新闻媒体以文化自觉推动实践创新，发展出多种值得思考总结的传播方式，有效地推进了"一带一路"传播的广度和深度。

主题报道是我国新闻媒体发展出的既有历史传统，又有时代特色的新闻传播实践样态。主题报道能围绕党和国家重大战略决策部署，集中持续地展开大规模宣传报道活动，有效设置舆论焦点，引导舆论方向。自"一带一路"倡议提出以来，我国新闻媒体"讲好丝路故事记录融合共振"，在"一带一路"主题报道上成绩突出。2015 年 4 月起，《人民日报》开辟"共建'一带一路'"专栏，以评论、报道等形式详细地阐述了"一带一路"的意义、内涵、方案和成果，全面展现了该倡议的宏大规划和壮丽前景。为了全方位地加强"一带一路"的报道和阐释，《光明日报》推出"一带一路"系列专栏，其中"'一带一路'·大战略新图景"专栏集中刊登一线新闻，"丝路文化专家谈""行走在丝路""图说世界·'一带一路'"等专栏则约请文艺名家，以访谈、口述、图片等多重形式，深入挖掘"一带一路"的文化内涵和现实意义。更值得注意的是，为了深化"一带一路"的阐释深度，为"一带一路"的顺利推行提供必要的智力支持，《光明日报》"光明讲坛"栏目还连续刊登葛剑雄、林毅夫、胡鞍钢国内名

① 柳邦坤，蒋青."一带一路"建设背景下中国国家形象传播渠道探析［J］.传媒观察，2015（9）：38－40.
② 杨博一."一带一路"背景下电视媒体如何讲好海南故事［J］.当代电视，2015（11）：76－78.

家有关"一带一路"的讲稿。这些学者来自不同的学术机构，具有不同的学科背景，他们深入浅出的讲稿打开了"一带一路"的阐释空间，呈现出理解这一倡议的多重视野。

除此之外，其他媒体也在"一带一路"主题报道上贡献良多。《经济日报》不仅在头版醒目位置开辟"'一带一路'在行动"专栏，集中报道有关地区参与落实"一带一路"行动计划的具体举措，还在"环球"版连续刊登对沿线国家驻华大使的专访，报道沿线国家对"一带一路"的认识和这些国家对接"一带一路"的努力。2015年5月12日起，《温州都市报》推出"'一带一路'万里行"大型采访活动。在随后两个多月的时间里，《温州都市报》的记者兵分三路，沿着"丝绸之路经济带"一路西行，穿越欧亚大陆，探访50余万温州商人在"一带一路"背景下的创业、生活状态，通过一篇篇资料翔实、形式生动的报道，"展现'一带一路'战略的勃勃生机。"[①]

"一带一路"是实现"中国梦"的关键一环，也是推动构建"世界梦"的重要契机。在"一带一路"的大背景下，我国传媒机构积极开展与海外华文媒体的交流合作，不仅开辟了新的传播渠道，还增强了彼此之间的理解和信任。2015年7月，新华社对外新闻编辑部组织记者队伍走访广西、陕西等地，集中采写了一批与"一带一路"有利于改善沿线国家民生、提高其就业水平有关的新闻。这批稿件经由澳大利亚《澳洲新报》、泰国《中华日报》、马来西亚《亚洲时报》等海外华文媒体的采用转载，起到了很好的传播效果。[②]

除了多方开辟传播渠道，我国新闻媒体还顺应新闻传播的一般规律和当前新媒体发展的总体趋势，强化互联网思维，以媒介技术为基础、以内容建设为核心、以融合传播为方向，提供了不少与数字时代需要相适应的新闻出版产品，推动了"一带一路"传播方式的发展创新。早在2014年，中央电视台（央视）《据说春运》特别节目在大数据可视化展示报道方式

---

① 郭乐天，施文洪. 地方媒体如何报道好国家战略——《温州都市报》"'一带一路'万里行"大型采访活动的认识与实践 [J]. 中国记者，2015（10）：30-31.
② 刘斐. "一带一路"海外传播如何"墙内开花墙外香"[J]. 对外传播，2015（12）：32-33.

上的创新就深受业内外的好评。2015年11月，央视依托国家"一带一路"数据中心等权威数据机构，耗时6个月，"挖掘和提炼出隐藏在海量数据里的关联本质，构建了'一带一路'国家间前所未有的联系图景"。[①] 在此基础上推出的《数说命运共同体》特别节目在科技与文化融合的基础上，通过直观的图表、生动的数据，给观众带来明快而鲜活的视觉感受。

2014年7月至9月，在陕西省宣传和出版主管部门主导下，陕西广播电视台发起策划了《丝绸之路万里行》大型媒体活动。在此次活动中，新华社、《光明日报》《陕西日报》、陕西广播电视台等传媒机构组织的跨国采访车队，在近两个月的时间里，沿着古代丝绸之路，车队横跨欧亚大陆8个国家，行程1.5万公里，用镜头和纸笔记录了沿线国家的人文社会，吸引了国际社会和普通民众的关注。也正因为不同类型媒体的积极参与，《丝绸之路万里行》得以践行"内容为王、渠道制胜"的推广思路，在"一带一路"全媒体传播建设方面取得可喜突破。在广播电视方面，陕西卫视、凤凰卫视等"覆盖全球的视频平台进行为期60天的电视展播，观众规模超过9亿人次"；在平面媒体方面，超过40家媒体参与其中，"全国范围发稿见报200余版，阅读量超过3亿人次"；在新兴媒体方面，相关报道多次登上新浪、凤凰、搜狐等"各大新闻客户端头条""累积覆盖20.5亿人次"……这些报道为"一带一路"倡议巩固民意基础和文化基础做出了不少贡献。

四、审视传播行为

在人文社会科学诸学科中，新闻传播学是与社会生活、特别是相应的业界实践联系最紧密的学科之一，不仅学界非常多地关注与一线新闻传播实践密切相关的议题，业界也十分重视新闻传播规律的学术探寻，这在很大程度上促成了新闻传播学术研究和新闻传播实际工作彼此促进、共同发展的良好局面。在本书的论述脉络中，这最为明显地表现在学界极为关注带有浓厚实务性质的"一带一路"新闻传播的策略与方法问题。除此之

---

① 央视推大型数据新闻节目《数说命运共同体》[J]. 青年记者，2015（29）：110.

外，学界还从自身学科特点和优势出发，较为集中地探讨了三个与"一带一路"新闻传播，乃至"一带一路"整体战略密切相关的学术议题，值得认真总结。

首先，"一带一路"倡议的顺利推行需要良好的舆论环境，不少研究者探讨了与"一带一路"沿线国家舆论动态有关的问题。巴基斯坦是"一带一路"海陆两线的交汇点，中巴经济走廊是"一带一路"的关键环节，因此，世界各国都密切关注、试图影响"一带一路"在巴基斯坦的舆论环境。程曼丽在其研究中指出，虽然巴基斯坦主流媒体舆论积极支持"一带一路"，但欧美等发达国家正采取"舆论先行"的做法，在当地媒体大量投放关于中巴经济走廊的负面信息，因此，中国必须积极加强与巴基斯坦媒体的合作互动，"进行必要的舆论引导"，防止"舆论畸变"，"减少巴基斯坦国内的意见分歧，降低共建项目所面临的政治风险。"①

其次，"一带一路"倡议的顺利推行需要加强对外传播的力度与效度，诸多研究者基于理论与实践相结合的视野，多方探析了当前"一带一路"对外传播的契机、困境和不足，并从传播内容、传播渠道、传播技巧等方面提出了对策建议。何明星和李红杰从宏观的层面论述了"一带一路"倡议的实施为我国对外传播提供的广阔前景，指出以此为契机，我国应该实施"三个一"工程，即"对口培训一批专业人才，组建一支中国文化传播基金，建设一批中国文化体验城"，从而"打造对外传播新格局，真正提升中华文化的全球影响力。"② 吴隽然在全面考虑"一带一路"倡议需要、充分借鉴西方国家对非传播经验的基础上，分析指出了我国在非洲面临的"良好的传播愿景和现实传播效果不佳的巨大'传播赤字'窘境"。并指出在"一带一路"背景下的对非传播应克服"市场化程度不够，官方色彩过于浓厚"等方面的不足，"充分利用互联网技术……更多地将非洲的年轻族群作为传播诉求对象……努力塑造亲和友善的国家形象，减少误解和偏见。"③

———————————

① 程曼丽. 中巴经济走廊舆论环境分析 [J]. 当代传播，2016（2）：38－39.

② 何明星，李红杰. 以"一带一路"为契机，打造对外传播新格局 [J]. 出版广角，2015（11）：10－12.

③ 吴隽然. "一带一路"战略下中国对非洲传播策略研究 [J]. 东南传播，2015（12）：57－60.

再次，在"互联网＋"时代，大众传媒仍然是国内外新闻传播的主要阵地，它们对"一带一路"的报道是国内外受众接触和认知"一带一路"的主要渠道，换言之，新闻传媒在很大程度上决定了受众对"一带一路"的理解。基于这样的认识，不少研究者以个案研究的方式，探讨了"一带一路"倡议的国内外媒介形象及其后的报道框架、话语策略等问题。黄膺旭等人从数量、载体等六个方面对新华网"一带一路"报道进行了量化实证分析，不仅概括总结出相关报道特定的宣传框架，还提出"拓宽获取新闻素材的途径""合理安排不同体裁，增强新闻报道的社会性"等思考和建议。① 文卓君的讨论，则以葡萄牙、巴西、安哥拉等葡语国家主流媒体 2013 年 9 月以来的"一带一路"报道为样本，详细分析了葡语国家对待"一带一路"倡议的共性与差异，一方面强调中国应利用葡语国家新闻媒体对中国评价较为客观的优势，"进一步树立和巩固'和平崛起'的正面形象"，另一方面也指出我国对"一带一路"的传播应避免"过度宣传"给葡语国家带来的过于"政治化"的印象，更多地采用国际社会普遍认可的"话语体系"。②

五、展望传播前景

"一带一路"提出以来，我国新闻传播工作者和研究者响应党中央和时代号召，在传播和研究"一带一路"上做出了初步的、有益的探索。然而，和"一带一路"的建设需要及建设新闻出版强国、讲好中国故事、传播好中国声音的目标相比，新闻传播界的实践和研究仍存在拓展的空间。这主要表现在：

首先，当前的研究多局限于"策略"层面，对"一带一路"新闻传播"战略"的研究存在不足。在新闻传播学学科框架中分析研究"一带一路"，势必要探讨传播"一带一路"的策略与技巧问题，但就一项综合性

---

① 黄膺旭，毛子骏，刘琼. 新华网"一带一路"战略新闻报道研究 [J]. 新闻世界，2016（4）：36 - 43.

② 文卓君. 葡语国家主流媒体对"一带一路"的报道分析 [J]. 读书文摘，2016（6）：111 - 112.

建设规划而言，如果不能充分领会其核心内涵，并在此基础上首先制定充分而完备的顶层设计，任何具体的传播策略、技巧的讨论都有可能陷入"只见树木不见森林"的困境。

其次，当前的研究多关注"国际传播"方面，对"一带一路"在国内，特别是民族地区传播的关注有所不足。在某种程度上，"一带一路"可谓我国为了推动构建世界梦而提供给国际社会的公共产品，在此过程中，我国新闻传播工作者理应承担起引导国际舆论的历史责任，在国际上客观地报道"一带一路"的建设构想，有效地传递中国声音和中国立场。不过，同样应该看到的是，"一带一路"途经多个民族地区，其中不少还是跨界民族聚居区。民族地区大都是"一带一路"的重要门户和关键节点，能否在这些地区实施有效的新闻传播，构建政治互信、增强国际认同，直接关系到民族地区工作的成效和"一带一路"的战略大局。

再次，当前的研究注重总结借鉴一般性的新闻传播规律，对我国在"一带一路"沿线国家和地区新闻传播历史经验的发掘和汲取存在不足。对文化多样性的尊重是"一带一路"的核心内涵之一，与此同时，如何"在差异中求和谐、在多样中求统一"又构成了"一带一路"不断推进的关键，也是在这个意义上，以实现信息有效沟通为核心关切的新闻传播学在"一带一路"大局中扮演着重要的角色。不过，在新闻传播学理论大都是西方社会传播实践总结的情况下，在"一带一路"背景下思考文化交流、民心相通的问题，就不能只有一般性新闻传播规律一种参照。事实上，正如一些学者指出的，我国在处理国内民族问题，以及与"一带一路"沿线国家的长期交往中，积累了大量丰富而有效的历史经验，深入挖掘、合理总结这些经验，将为"一带一路"新闻传播工作带来重要的启示。

六、小结

2016 年 5 月 17 日，习近平总书记在哲学社会科学工作座谈会上指出："这是一个需要理论而且一定能够产生理论的时代，这是一个需要思想而且一定能够产生思想的时代"，这是因为"当代中国正经历着我国历史上最为广泛而深刻的社会变革,也正在进行着人类历史上最为宏大而独特的实践创新。这种前无古人的伟大实践,必将给理论创造、学术繁荣提供强大动力和广阔空间。"① 作为当代中国伟大实践的产物,"一带一路"带有丰厚的历史内容,其核心价值不仅在于促进世界的经济和政治合作,更预示着一个"超越历史资本主义",打造"一种不同于海洋中心论的全球律则的弹性世界观和秩序观"的远大计划。② 跟踪这一倡议的展开过程,回答这一大局的历史提问,必将为我国新闻传播学研究提供崭新的素材和原初性问题,从而真正推动我国新闻传播学实践和研究"中国化"的进程。

(原载《东南传播》2017 年 08 期)

---

① 习近平. 在哲学社会科学工作座谈会上的讲话 [N]. 人民日报,2016 - 5 - 19 (2).
② 汪晖. 两洋之间的文明(下)[J]. 经济导刊,2015 (9):14 - 20.

附录二

"一带一路"倡议下中国科技
出版的使命与前景

2016 年 8 月 8 日，国务院正式印发《"十三五"国家科技创新规划》，不仅明确肯定"科技创新合作"在"一带一路"建设中的"先导作用"，还从"密切科技沟通和人文交流""加强与'一带一路'沿线国家的合作研究"① 等方面做出具体部署。可以说，随着"一带一路"步入全面展开和攻坚克难阶段，科技创新合作的成效将直接影响这一战略的前景。相应地，作为科技传播的重要载体，科技出版也势必在促进科学研究、传播科研成果、助推国家战略等方面承担愈加重要的使命。

一、科技创新引领"一带一路"

"一带一路"缘起于 2013 年习近平总书记外出访问时发起的共建"丝绸之路经济带"和"21 世纪海上丝绸之路"的提议。2015 年 3 月，经国务院授权，国家发展和改革委员会、外交部、商务部联合发布《推动共建丝绸之路经济带和 21 世纪海上丝绸之路的愿景与行动》（下称《愿景与行动》），这标志着"一带一路"正式成为国家战略。

在"一带一路"建设中，科技创新作为核心驱动要素，发挥着重要的先导和支撑功能。《愿景与行动》这份"一带一路"纲领性文件，不仅详

---

① 国务院印发《"十三五"国家科技创新规划》[J]. 互联网天地，2016（8）：3.

细列出多项海洋、能源、交通、信息等领域可能的技术合作项目,更在"民心相通"部分,单列一节倡导科技创新合作,"加强科技合作、共建联合实验室(研究中心)、国际技术转移中心、海上合作中心、促进科技人员交流、合作开展重大科技攻关,共同提升科技创新能力。"① 此外,《愿景与行动》还对作为"一带一路"建设"排头兵和主力军"的沿海和港澳台地区提出特别要求,要求其"加大科技创新力度,形成参与和引领国际合作竞争的新优势"。②

科技创新不仅是"一带一路"建设的关键内容,还是这一倡议顺利推进的重要支撑。邹磊对古今丝绸之路的比较研究表明,中国古代陆地交通技术不发达,海运技术也逐渐落后于西方,先后导致了陆海丝绸之路的落寞,经过当代交通技术的革新,"一方面,随着现代海上运输技术的发展,传统远洋贸易受气候、洋流、补给、通信等方面的制约已大大改善。另一方面,随着航空、公路、铁路、管道等跨境运输方式的兴起,以海运为主导的现代贸易运输体系得到了有力的补充"。③ 倘若没有这些运输技术的发展,"一带一路"倡议的实施是不可想象的。

"一带一路"为我国与沿线国家的经贸往来提供了新的契机,但相伴而来的"除了广阔的市场,还是残酷的竞争"。中国高铁进入东南亚市场,不仅始终需要应对来自德国、日本、韩国等国企业的市场角逐,还需要解决一些在国内已经成熟的技术却不适应目标国实际情况的问题,这就需要"通过科技创新来设计、制造适合这些市场的商品"。④

落实新发展理念,推动高质量发展,必须花大力气整治资源环境方面的"欠债"。就此而言,中国首倡的"一带一路"避免了再走"先污染后治理"的老路。实现这样的目标,也离不开科技创新的支撑。据杨星科介绍,依托中国科学院在丝绸之路经济带环境修复、灾害治理和生态农业等领域的前期研究,有关部门已有着手建立"生态环境治理与生物农业技术

① 国家发展改革委 外交部 商务部. 推动共建丝绸之路经济带和21世纪海上丝绸之路的愿景与行动 [N]. 人民日报,2015-3-29(4).

② 国家发展改革委 外交部 商务部. 推动共建丝绸之路经济带和21世纪海上丝绸之路的愿景与行动 [N]. 人民日报,2015-3-29(4).

③ 邹磊. 中国"一带一路"战略的政治经济学 [M]. 上海:上海人民出版社,2015:106-109.

④ 刘园园. 科技带路,才有更好的"一带一路" [N]. 科技日报,2016-3-14(1).

创新与引领高地"，① 力图有效解决"一带一路"沿线部分国家和地区十分脆弱的生态环境问题。此外，"一带一路"建设的另外一些重要课题，比如提高现有能源利用效率、开发绿色环保新兴能源、应对全球气候变化挑战、提高数字城市和智慧城市技术水平……也多是当代科技的前沿问题，同样亟待科技战线优势互补、协同攻关，为"一带一路"倡议的顺利实施提供创新驱动。

二、"一带一路"倡议下科技出版的使命

早在1995年，时任国务委员的宋健对科技出版的崇高使命做出这样的界定："近四百多年的现代科学文明进步的历史表明，没有科技出版事业的繁荣，也不会有科技和教育事业的发展。因此，科技出版必须成为我国科技事业的重要组成部分，对实施'科教兴国'战略负有重要的历史责任。"② 虽然时过境迁，但只要科技创新是引领发展的第一动力这个历史趋势没有变化，宋健对科技出版在当代中国社会主义建设中所处重要位置的判断就不会过时。在"一带一路"建设实干期，科技出版承担的历史性责任主要体现在三个方面。

第一方面，作为积累科学知识、发布研究成果、交流学术意见的主要平台，科技出版承担着为"一带一路"科技创新搭建智力平台的重要使命。如果说在"一带一路"酝酿提出阶段，相关研究的主要任务是论证"一带一路"的可行性或阐释其战略意义，那么随着"一带一路"倡议进入扎实推进的实干期，研究的重点就需要转向具体问题、实际问题，在很多情况下就是面向一个个有待攻关的科技难题。在此阶段，科技出版作为科研成果发表的平台，将为"一带一路"科技创新的不断推进提供智力保障。

第二方面，作为中外科技领域取长补短、创新互鉴的主要窗口，科技出版承担着促进中外科技交流、民心相通的重要使命。当今世界，科技创新日新月异，科技的进步能有效引领一个国家、地区经济社会的发展，但

---

① 杨星科. 为"一带一路"建设提供科技支撑和创新驱动［N］. 陕西日报，2015-5-19 (5).

② 宋健. 实施科教兴国战略 加强科技出版工作［J］. 科技与出版，1996 (1)：2-4.

不少重要的科技问题已很难单靠一个国家的科研力量解决，国际科研合作成为世界科技创新的潮流。"一带一路"建设覆盖世界上近百个国家和地区，在生态、资源、环境等方面有不少世界各国共同面对的科技难题。科技出版作为世界科技文明交流的使者，既能有针对性地译介国外最新科技成果，也能对外传播中国科技的杰出成就，有助于深化"一带一路"科技创新国际合作。

第三方面，作为社会公众接触科学、认知科学、对话科学的主要渠道，科技出版承担着普及科学知识、增进国民素质，为"一带一路"科技创新夯实社会基础和人才储备的重要使命。"科研活动已不仅仅是科技团体的行为，而需要全社会更多地参与、理解和支持"，[①] 通过把专家学者前沿性的研究转化为社会公众喜闻乐见的形式，科技出版不仅能增强公众对科技难题的知晓度、对科技进程的参与感，还能有效培养公众的科学思维能力和科技创新意识，从而为"一带一路"科技创新打造良好的社会氛围和后备基础。

三、科技出版助力"一带一路"的现状及挑战

近年来，全国出版机构抓住国家战略东风，以文化自觉推动实践创新，"一带一路"出版工作风生水起。[②] 在此背景下，科技出版机构发挥专业优势、捕捉出版热点，在"一带一路"科技出版方面也取得了不俗的成绩，主要体现在以下方面：

首先，借助院士智力资源，编制刊发科技创新规划，引领"一带一路"科技行动。《中国科学院院刊》发挥密切联系院士的优势，率先刊发中科院孙九林院士主持的"一带一路"科技创新"顶层设计"部分成果，包括《关于加快制定并推进"'丝绸之路经济带'建设科技支撑行动计划"的建议》《关于制定"'丝绸之路经济带'重大工程建设与安全科技支撑计划"的思考》，[③] 对充分发挥科技创新在"一带一路"建设中的引领功能产

---

① 何鸣鸿. 提高科学传播质量 为基础研究营造良好的环境——国家自然科学基金委员会副主任何鸣鸿在双清论坛上的讲话 [J]. 科普研究, 2012, 7 (5): 5-6, 9.

② 王大可. 2015 年"一带一路"出版工作述评 [J]. 科技与出版, 2016 (5): 27-31.

③ 孙九林, 董锁成. 关于加快制定并推进"'丝绸之路经济带'建设科技支撑行动计划"的建议 [J]. 中国科学院院刊, 2015, 30 (1): 24-31.

生了积极的影响。

其次，利用专业优势，加强选题策划，推出一批特色鲜明的"一带一路"科技图书。依托交通航运专业优势，大连海事大学出版社推出《21世纪海上丝绸丝绸之路港口发展报告》《中国古代航运史》等"一带一路"系列丛书，不仅受到辽宁新闻出版管理部门的肯定，成功获批"辽宁省'一带一路'出版基地"，还在交通运输系统产生良好反响。能源合作是"一带一路"建设重要内容，石油工业出版社推出《"一带一路"话石油》《一带一路油气合作国别报告》系列书籍，系统剖析了"一带一路"沿线国家政治经济格局及油气产业情况，对相关政府部门和企业机构开辟油气合作新空间有重要参考价值。

再次，结合刊物特色和"一带一路"倡议需要设置议题，刊发的学术论文打开了探究"一带一路"科技问题的多重空间。不少科技期刊结合自身特点，把与"一带一路"有关的科技问题确定为刊物重点选题，积极发挥了对相关专业研究的引导作用。《铁道技术监督》配合"一带一路"背景下国家"铁路走出去"的战略需要，设置专栏发表在"检验检测机构国际互认、国外合作建厂监造、认证服务"[①] 等领域有卓越见解的专业论文。《地理科学进展》《热带地理》等地理学科技期刊，刊发系列重要论文探讨与"一带一路"建设有关的国土开发空间格局、陆疆生态环境保护、矿产资源分布及投资环境等方面的议题。2016年第2期《中国工程科学》依托中国工程院重大咨询项目，集中发表18篇专业论文，从"一带一路"建设与"海洋强国"建设互相借力的视角，系统构建了海洋能源勘探开发、海洋生物资源开发、绿色船舶技术发展、海洋运载工程、水下观测信息体系等高科技领域的发展战略，为夯实"21世纪海上丝绸之路"建设的海工装备保障系统提供了技术路线图。

最后，创新出版方式，积极搭建"一带一路"科技创新支撑平台。从国际经验看，积极参与知识生产过程，提供多样"知识服务"，[②] 将是科技出版未来发展一大趋势。布局"一带一路"出版工作，电子工业出版社没

---

①　《2016 年〈铁道技术监督〉征稿启事》，参见 2016 年第 1 期.
②　林鹏. 科技出版的未来 [N]. 新华书目报，2016 - 6 - 27 (13).

有重复传统的编辑出版模式。他们主动申请了工信部重点软课题"'一带一路'工业文明及产业经济发展状况研究",通过实地调研和文献研究,不仅深入了解了"一带一路"沿线国家工业发展状况,还提炼出我国与相关国家工业技术合作的可能方向。这些研究成果不仅"转化为信息资源"供相关部门研究参考,还成为电子工业出版社"'一带一路'工业文明丛书"独特的选题来源。

当然,虽然取得了这些成绩,但与"一带一路"人文社科出版比,特别是与科技创新在"一带一路"战略中的重要性比,"一带一路"科技出版还存在相当大的提升空间,主要体现在:

第一,"一带一路"科技出版零星松散,没有形成合力。作为科技创新、科学研究和国家战略的纽带,科技出版承担着从对国家战略的悉心把握中提炼选题和把科学研究著述组织进国家战略框架的双重功能。虽然如前所述,全国科技出版机构已经开始围绕"一带一路"科技问题加强选题策划,但总体而言,这方面的努力尚未上升到自觉的层面,无法对相关领域的科学研究发挥强有力的引导作用。

第二,当前"一带一路"科技图书、科技论文的研究主题普遍而言较为宏观,缺少致力于专门问题研究的精品成果,无法为政府和企业具体工作提供可操作性的对策建议。"一带一路"建设需要解决的不少问题同时也是当代科学研究的难点,比如当代空间观测技术尚难以在覆盖如此广泛的区域内实施整体性的气象监控和灾害防治,深海探测技术和海洋工程装备水平也无法满足社会经济发展对深海资源开发的迫切需求。如前所述,虽然一些科技出版机构已经组织刊发了系列关注这些问题的科技论著,但这些论著大多停留在描述性分析层面,既无法反映我国科技战线的最新研究进展,也无法为实际工作提供行动指南。

第三,科技出版机构缺乏清晰长远的"一带一路"科普出版计划。当前,在出版管理部门和出版机构共同努力下,我国图书市场涌现出一大批"一带一路"倡议普及读物,内容广泛涉及"一带一路"国家政策、"一带一路"沿线国家和地区历史文化等多个方面。与此形成对照的是,当前还很少看到能把"一带一路"建设主要涉及的科技领域、"一带一路"科技创新进展和趋向、"一带一路"沿线国家科技创新合作的历史与现状等问题以晓畅明白语言讲清楚的科普读物。

四、提升科技出版服务"一带一路"能力的框架策略

对于中国科技出版来说，加强和提升服务"一带一路"等国家战略能力的建设，是一项需要国家、出版机构和科技编辑协同努力的长远工程。

首先，国家和相关政府部门应高度重视科技出版在科技创新体系建设中的重要位置，为科技出版事业繁荣营造良好的政策环境。科技出版的内容和服务对象带有较强的专业性特征，经济、社会价值的实现也往往需要较长的周期，国家和有关部门应根据这一特点，制定专门的科技出版政策引导、资金支持、社会保障及绩效评价机制体制。

其次，科技出版机构应在紧跟国家战略的大方向下，增强学术联系、加强专业建设，真正发挥引领科学研究、培养科技人才的社会功能。在媒介融合时代，科技出版机构提升自身竞争力，既要创新出版方式，也要开辟传播渠道，但归根结底还是要坚持"内容为王"，通过深化与科研院校的学术联系，真切把握科学发展的脉动，深耕细作，规划出版既身处科技创新前沿，又契合国家战略需要的科技出版产品。

最后，科技编辑也应增强文化自觉意识、提高自身科学素养，增强在国家战略和科技创新交汇点进行选题策划的能力。科技出版事业既关系我国文化事业的发展繁荣，也关系我国科技创新的大局。对此，科技编辑应具有高度自觉的文化意识，"以国家战略需求引领选题策划"，也就是"从国家科技发展规划的战略布局来规划选题方向和选题结构，挖掘发展机遇，从而提高服务国家战略需求的效益和效率"。[①]

（原载《传播与版权》2017 年 09 期）

---

① 石磊. 服务国家战略需求：科技出版的时代使命与文化自觉——以清华版航天类系列图书策划为例 [J]. 科技与出版，2013（06）：59-61.

参考文献
References

［1］阿尔伯特·N. 格莱科，克拉拉·E. 罗德里格斯，罗伯特·M. 沃顿. 21 世纪出版业的文化与贸易［M］. 丁以绣，林成琳，译. 北京：中国人民大学出版社，2010.

［2］陈柏福. 我国文化产业"走出去"发展研究［M］. 厦门：厦门大学出版社，2014.

［3］陈燕. 中国图书"走出去"成功案例选［M］. 北京：外文出版社，2010.

［4］崔保国. 中国传媒产业发展报告（2016）［M］. 北京：社会科学文献出版社，2016.

［5］戴长征. "一带一路"战略构想与国际社会［M］. 北京：对外经济贸易大学出版社，2016.

［6］葛剑雄，胡鞍钢，林毅夫，等. 改变世界经济地理的一带一路［M］. 上海：上海交通大学出版社，2015.

［7］姜秀敏. 全球化时代的国际文化关系研究［M］. 北京：中央编译出版社，2011.

［8］李本乾. 中国传媒国际竞争力研究报告（2015）［M］. 北京：社会科学文献出版社，2015.

［9］李本乾. 中国传媒国际竞争力研究报告（2017）［M］. 北京：社会科学文献出版社，2017.

［10］李慎明. 国际交往与文化软实力［M］. 长沙：湖南大学出版社，2016.

［11］刘海涛. 学术出版"走出去"研究［M］. 北京：民族出版社，2018.

［12］刘强. 融合媒体受众采纳行为研究［M］. 上海：上海交通大学出版社，2012.

［13］刘杨. 中国社会科学学术期刊"走出去"研究［M］. 北京：社会科学文献出版社，2016.

［14］曲如晓. 中国文化产品贸易的理论与实证研究［M］. 北京：北京师范大学出版社，2017.

［15］王涛生. 制度创新与国际贸易竞争优势：理论、模型与实证［M］. 北京：经济科学出版社，2010.

［16］王义桅. 世纪是通的. "一带一路"的逻辑［M］. 北京：商务印书馆，2016.

［17］王义桅. 一带一路：机遇与挑战［M］. 北京：人民出版社，2015.

［18］沃尔特·李普曼. 公众舆论［M］. 闫克文，江红，译. 上海：上海人民出版社，2002.

[19] 向勇. "一带一路"文化产业合作发展报告 [M]. 北京：社会科学文献出版社，2020.

[20] 熊澄宇. 中国文化产业政策研究 [M]. 北京：清华大学出版社，2017.

[21] 徐照林. "一带一路"建设与全球贸易及文化交流 [M]. 南京：东南大学出版社，2016.

[22] 阎庆明. "一带一路"与国际贸易新格局 [M]. 北京：中信出版社，2016.

[23] 约翰·B. 林奇. 作为武器的图书：二战时期以全球市场为目标的宣传、出版与较量 [M]. 蓝胤淇，译. 北京：商务印书馆，2016.

[24] 约瑟夫·奈. 软实力 [M]. 马娟娟，译. 北京：中信出版社，2013.

[25] 张红. 基于引力模型的中国对外开放战略研究 [M]. 上海：上海交通大学出版社，2016.

[26] 张宏. 中国出版走出去的话语权和传播力构建 [M]. 苏州：苏州大学出版社，2015.

[27] 赵磊. 文化经济学的"一带一路"[M]. 大连：大连理工大学出版社，2016.

[28] 赵永亮. 异质性理论与中国外贸二元边际扩张：中国贸易存在双重大国优势吗 [M]. 北京：经济科学出版社，2012.

[29] 中国人民大学重阳金融研究院. "一带一路"国际贸易支点城市研究 [M]. 北京：中信出版社，2015.

[30] 邹磊. 中国"一带一路"战略的政治经济学 [M]. 上海：上海人民出版社，2015.

索　引
Index